일년 열두 달
가족이
함께하는
놀이

일 년 열두 달

가족이 함께하는 놀이

이화여자대학교 사범대학 부속이화유치원 지음

교문사

영유아기 자녀를 키우는 부모들은 아이들에게 놀이가 중요하다는 것은 알고 있지만 어떻게 놀아주어야 할지 방법을 잘 몰라 함께 놀아주지 못하는 경우가 많습니다. 또 놀이가 발달에 기여한다고 알고는 있지만 구체적으로 어떤 놀이가 어떻게 발달을 촉진시키고 어떤 교과와 연결되는지는 잘 몰라서 상품화된 비싼 놀잇감을 사주거나 놀이학교·문화센터 등을 데리고 다니며 이리저리 방황하는 모습을 종종 볼 수 있습니다.

이화여자대학교 사범대학 부속이화유치원에서는 놀이 중심 교육과정을 운영하면서 유치원에서 진행되는 놀이뿐만 아니라 일 년 열두 달, 일상생활 속에서 자연스럽게 가족이 함께하는 놀이를 개발해왔습니다. 가정에서 부모와 자녀가 함께하는 놀이가 영유아기 발달과 교육에 무엇보다도 중요하기 때문입니다. 매달 유치원에서 진행되는 교육계획을 가정통신문 형태로 가정에 보내면서 동시에 가족이 함께할 수 있는 이달의 놀이를 연령별로 2가지씩 소개하였습니다. 이를 통해 이화유치원에 자녀를 보내는 부모들이 가정에서 적극적으로 일 년 열두 달, 자녀와 놀이할 수 있도록 격려해왔습니다.

이런 과정을 통해 개발된 만 3세, 4세, 5세 자녀와 함께하는 놀이를 한국의 모든 부모에게 공개하고자 합니다. 이 책에 소개된 가족이 함께하는 놀이들은 시간

을 따로 정해 놓고 놀이를 시작하기보다는 삶 속에서 자연스럽게 실천하는 것이 좋습니다. 다만 일 년 열두 달, 가족들이 함께 즐길 수 있도록 매달 2가지씩 놀이를 연령별로 소개하였습니다. 각각의 놀이는 교육적 효과와 준비물을 제시하고 놀이 방법을 제시하였습니다. 놀이 방법은 획일적으로 정해진 것이 아니라 자녀가 원하는 방법으로 확장해 놀이할 수 있습니다.

이 책이 출판되기까지 많은 분들의 도움이 있었습니다. 우선 소개된 놀이들을 직접 해보고 사진을 제공해준 유아와 부모님께 감사드립니다. 특히 이 책에 소개된 많은 놀이들을 개발해주신 이화여자대학교 사범대학 부속이화유치원의 전직 교사이자 원감이었던 이순영 선생님께 감사를 드립니다. 더불어 이 책을 출판해주신 교문사의 류제동 사장님과 정용섭 부장님을 포함한 직원 여러분께도 감사를 드립니다.

끝으로 이 책에 소개된 놀이를 통해 한국의 모든 가족이 함께 행복해지고 모든 영유아들이 건강하게 성장하기를 바랍니다.

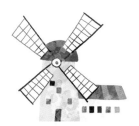

2015년 2월
이화여자대학교 사범대학 부속이화유치원장
엄정애

차 례

머리말 4

만 3세

일 년 열두 달, 가족이 함께하는 놀이

만 4세

만 5세

가족이
함께하는 놀이

만 3세

나를 따라 해봐요, 거울 놀이

교육적 효과

✿ 대근육 발달 및 신체 조절력이 향상된다.

✿ 부모와 자녀 간의 정서적인 유대감과 친밀감이 형성된다.

준비물

✿ 전신 거울

✿ 색 테이프 혹은 사용하지 않는 립스틱

✿ 유아가 좋아하는 신나는 음악이나 노래

이렇게 놀이하세요

❂ 거울 앞에서 유아와 함께 재미있는 동작을 해본다. 이때 거울 속의 모습
  이 동작을 계속 따라하고 있다는 것을 발견하게 한다.
  와, 거울이 우리 ○○를 똑같이 따라하네! 이렇게, 또 이렇게!

❂ 유아와 함께 집안 곳곳을 돌아다니면서 양쪽에 서서 마주 볼 수 있는 커
  다란 유리창(예: 거실 유리창)을 찾아본다.

❂ 유리창에 색 테이프나 립스틱으로 커다란 거울 모양을 그린다.

❂ 부모와 유아가 함께 유리창을 이용한 거울 놀이를 해본다.
  - 부모는 베란다 쪽으로 나가서 거울 모양 안에 서고, 유아는 거실 쪽에서
    부모를 바라보고 선다.
  - 유아가 움직이는 대로 부모는 거울이 되어 동작을 따라한다. 이때 신나
    는 음악을 틀어 주면 더욱 좋다. 또는 '나를 따라 해봐요. 이렇게' 노래
    에 유아 이름을 넣어 "○○ 따라 해봐요. 이렇게"라고 불러줄 수 있다.
  - 유아가 베란다 쪽에 서고, 부모가 거실에 서서 역할을 바꾸어 해본다.
    이번에는 "엄마(아빠) 따라 해봐요. 이렇게"라고 노래를 불러본다.

❂ 놀이가 끝나면 유아와 함께 유리창에 붙인 색 테이프나 립스틱 칠한 것을 정
  리한다.

이렇게도 놀이할 수 있어요

❂ 유리창을 사이에 두고 손바닥·발바닥 만나기, 뽀뽀하기, 안아주기 등의
  동작을 하면 더욱 즐거운 시간이 될 수 있다.

무슨
소리일까요?

교육적 효과

✿ 주변의 소리에 관심을 갖고 구별한다.

✿ 주의 깊게 듣는 태도를 기른다.

준비물

✿ 소리 나는 여러 종류의 물건
(장난감 자동차, 딸랑이 등)

✿ 얇은 천이나 이불

이렇게 놀이하세요

❀ 유아와 함께 집안 곳곳을 다니면서 소리 나는 물건(예: 굴러가면서 소리
　가 나는 장난감 자동차, 누르면 '삑삑' 소리 나는 놀잇감, 흔들면 소리 나
　는 딸랑이 등)을 찾아본다.

❀ 찾아낸 물건의 소리를 들어보고 따라서 소리 내어 본다.

❀ 소리만 듣고 어떤 물건인지 알아맞히는 놀이를 한다.
　- 식탁 다리 사이를 얇은 천이나 이불로 막아 안이 보이지 않게 가린다(유
　　아들은 식탁이나 책상 아래 작은 공간에 들어가 노는 것을 좋아한다).
　- 가려진 식탁 밑에 물건을 넣는다.
　- 부모가 식탁 밑으로 들어가 물건 하나를 골라 소리 내면 유아가 알아맞
　　힌다.
　　　자, 무슨 소리일까요? 알아맞혀 보세요!
　- 역할을 바꾸어 유아가 소리 내고 부모가 알아맞힌다.

이렇게도 놀이할 수 있어요

❀ 놀이에 익숙해지면 신체나 다양한 생활용품으로 직접 리듬감 있는 소리
　를 만들어가면서 놀이할 수 있다(예: 손뼉 치기, 발 구르기, 빈 페트병 쳐
　서 소리 내기 등).

주룩주룩 보글보글, 재미있는 목욕 놀이

교육적 효과

✿ 물과 비누 거품의 촉감을 다양한 방법으로 탐색한다.

✿ 부모와 자녀 간의 정서적인 유대감과 친밀감이 형성된다.

준비물

✿ 유아가 좋아하는 목욕용품
(커다란 목욕통, 샤워기, 비누 등)

✿ 역할놀이용 주전자나 작은 그릇, 페트병

이렇게 놀이하세요 〰

✿ 유아가 목욕하면서 놀이할 수 있도록 커다란 목욕통에 물을 받아둔다.

✿ 다양한 방법으로 물의 촉감을 느껴볼 수 있도록 격려한다.
- 유아가 직접 손을 움직여가며 물결을 만들어 본다.

  큰 파도가 칩니다. 출렁출렁!

  작은 파도가 칩니다. 살살살살.
- 역할놀이용 주전자에 물을 담고 신체 각 부위에 물을 쏟아 본다(예: 손바닥 위, 손등 위, 어깨 위, 등 위). 이때 주전자를 높이 들거나 낮게 들어 높이에 따라 몸에 닿는 물의 촉감이 달라지는 것을 경험하게 한다.
- 샤워기를 이용하여 비가 내리는 것처럼 유아에게 물을 뿌려 준다.

  비가 내립니다. 아주 센 비가 주룩주룩 내립니다.

  비가 내립니다. 살살살살 내립니다.

✿ 비누로 거품을 만들어 목욕을 하며 다양한 방법으로 촉감을 느껴 본다.
- 손바닥을 비벼 거품을 만들며 촉감을 느껴 본다.
- 부모와 유아가 함께 손을 맞잡고 비누 거품의 촉감을 느껴 본다.

  악수합시다. 악수.

  비벼. 비벼! 손바닥을 비벼. 비벼!
- 부모와 유아가 함께 목욕을 하며 상대방의 신체 각 부위(예: 목, 어깨, 배, 등, 다리, 발바닥)에 거품을 찍어가며 비누칠해주기 놀이를 한다. 이때 '코코코' 노래를 부르면서 놀이를 하면 더욱 재미있다.

  코코코코, 어깨(서로 어깨에 비누칠을 해준다).

  코코코코, 배.

큰 뚜껑, 작은 뚜껑

교육적 효과

✿ 뚜껑을 기준(모양, 크기 등)에 따라 분류하고, 순서를 정한다.

✿ 뚜껑을 열고 닫는 놀이를 통해 소근육을 발달시키고 집중력을 기른다.

준비물

✿ 뚜껑이 있는 물건
    (여러 가지 화장품 용기, 부엌 그릇류, 유아용 놀잇감 등)

✿ 동그란 쟁반이나 접시

이렇게 놀이하세요

✿ 유아와 함께 집안 곳곳을 돌아다니면서 뚜껑이 있는 물건(예: 여러 가지 화장품 용기, 부엌 그릇류, 유아용 놀잇감 등)을 찾아본다. 이때 '여기저기' 노래를 부르면서 찾으면 더욱 흥미롭다.

뚜껑은 어디 있나? 여기! 큰 뚜껑은 어디 있나? 여기! 초록 뚜껑 어디 있나? 여기! 노란 뚜껑 어디 있을까? 여기!

✿ 뚜껑의 모양과 크기를 살펴보고 분류해 본다.
- 같은 모양의 뚜껑끼리 모아 본다(예: 동그란 모양으로 된 뚜껑끼리, 냄비 뚜껑처럼 꼭지가 달린 뚜껑끼리, 반찬통 뚜껑처럼 네모 모양 뚜껑끼리 모으기).
- 뚜껑을 크기 순서대로 놓아 본다.

같은 모양의 뚜껑끼리 모아 보기

✿ 뚜껑의 모양과 크기를 탐색하며 다양한 구성 놀이를 해본다.
- 같은 모양의 뚜껑을 이용해서 뚜껑 탑 쌓기를 해본다.
- 뚜껑을 길게 이어서 뚜껑 기차를 만들어 본다.
- 동그란 쟁반이나 접시에 뚜껑을 올려놓고 얼굴 꾸미기를 해본다(예: 물병 뚜껑으로 눈 만들기, 잼 뚜껑으로 입 만들기 등).

이렇게도 놀이할 수 있어요

✿ 뚜껑 피자 만들기 놀이를 해본다.
- 마룻바닥에 색 테이프로 동그라미 모양을 붙여주거나 동그란 방석이나 홀라후프를 놓는다.
- 피자 재료를 토핑하듯이 다양한 뚜껑을 올려놓으면서 피자를 만든다.

보도블록 위를
걸어요

교육적 효과

✿ 기초적인 수학적 개념(분류, 패턴, 수 세기 등)이 형성된다.

✿ 주변 환경이나 사물에 관심을 갖고 관찰하는 태도를 기른다.

준비물

✿ 움직이기 편한 옷

✿ 운동화

✿ 유아가 좋아하는 신나는 음악

유아의 봄 옷차림

이렇게 놀이하세요

✿ 유아와 함께 동네를 산책하면서 보도블록이 깔린 길을 걷는다. 이때 보
   도블록의 크기, 모양 등을 관찰한다.

   보도블록에 어떤 모양이 있니?

   제일 큰 블록은 어느 것일까?

   같은 모양의 블록을 찾아볼까?

   같은 색깔의 블록을 찾아볼까?

✿ 다양한 방법으로 보도블록을 밟으며 걸어 본다.

   - 커다란 보도블록인 경우에는 두 발을 모아 다음 블록 안으로 건너뛴다.

     두 발 모아 건너뛸까? 깡충! 깡충!

   - 작은 블록인 경우에는 블록 하나에 발을 하나씩 맞추어 가며 걷는다. 이
     때 수를 세면서 걷는 것도 재미있다.

     하나씩 하나씩 발을 맞추어 볼까?

   - 여러 가지 모양이나 색깔의 다양한 블록이 깔린 길에서는 같은 모양이나
     색깔만 밟으며 걸어 보거나 건너뛰기를 해본다.

     같은 모양을 찾아보자. 두 발 모아 건너뛸까? 깡충!

     초록색은 또 어디 있을까? 초록색으로 깡충!

✿ 노래에 맞추어 재미있는 방법으로 걸어 본다.

   - 유아가 좋아하는 노래를 부르며 블록을 한 칸씩 옮겨가며 걷다가 노래가
     끝나면 멈춘다.

     즐겁게 걸어가다가 그대로 멈춰라!

꿈틀꿈틀 바나나 애벌레

교육적 효과
....

✿ 과일의 모양과 특성을 주의 깊게 관찰하는 태도를 기른다.

✿ 과일로 재미있는 모양을 만들면서 창의적인 표현력이 향상된다.

준비물
- - - - - - - -

✿ 바나나

✿ 바나나를 꾸밀 여러 가지 과일
  (예: 키위, 방울토마토, 딸기, 귤, 사과, 참외 등)

✿ 이쑤시개

✿ 기다란 모양의 접시

이렇게 놀이하세요

❀ 요리 주재료인 바나나와 바나나를 꾸밀 재료를 유아와 함께 준비한다.

- 집에 있는 재료 중 이쑤시개에 꽂아 먹을 수 있는 것은 무엇이든지 가능하다.
- 바나나에 꾸밀 재료 중 크기가 작은 것(예: 방울토마토, 딸기, 귤)은 그대로 사용한다.
- 크기가 큰 것은 깍둑썰기로 작게 잘라 준비한다.
- 유아가 이쑤시개에 찔리지 않도록 뾰족한 끝을 뭉뚝하게 갈아 놓는다.

❀ '꿈틀꿈틀 바나나 애벌레' 요리를 한다.

- 바나나와 여러 가지 과일로 애벌레를 만들어 보자고 이야기하고 어떤 모양의 애벌레를 만들지 생각해 본다.
- 먼저 바나나는 껍질을 벗기고, 접시 위에 올려놓는다.
- 이쑤시개에 크기가 작은 과일을 하나씩 꽂고 그것을 바나나에 꽂아가며 원하는 모양의 애벌레를 만든다. 작은 과일이 애벌레의 더듬이, 발, 무늬 등이 될 수 있다.

'꿈틀꿈틀 바나나 애벌레' 요리하는 모습

❀ 완성된 바나나 애벌레의 이름을 붙여 본다.

부모: 이 애벌레 이름을 뭐라고 지을까?
유아: 딸기 눈 애벌레. 과일 먹는 애벌레.
　　　 재미있는 애벌레. 말썽꾸러기 애벌레.

❀ 과일을 활용하여 다른 곤충, 동물들도 만들어 볼 수 있다.

완성된
바나나 애벌레

❀ 이쑤시개에 꽂힌 과일들을 하나씩 빼서 맛있게 먹는다.

재미있는 이야기, 행복한 꿈나라

교육적 효과

✿ 다른 사람의 이야기를 주의 깊게 듣고 이해하는 태도가 향상된다.

✿ 자신의 생각을 이야기로 꾸며 보면서 언어 표현력을 기른다.

✿ 부모와 유아 간의 정서적인 친밀감이 형성된다.

준비물

✿ 이불, 베개

✿ 입기 편한 잠옷

유아 잠옷

이렇게 놀이하세요

❀ 잠자기 전에 유아와 부모가 잠자리에 누워 재미있는 이야기를 만들어 본다.

- 유아에게 재미있는 이야기를 만들어 보자고 제안한다.

  누가 나오는 이야기를 만들까?

  우리 ○○는 어떤 동물을 제일 좋아하지?

- 부모가 먼저 이야기를 시작하여 전반적인 이야기 설정을 들려준다.

  옛날 옛날에 아주 귀여운, 우리 ○○처럼 귀여운 아기 토끼가 살고 있었어요. 아기 토끼는 엄마, 아빠, 언니, 오빠랑 살고 있었어요. 그런데 아기 토끼는 잠꾸러기였어요. 어느 날 아기 토끼는 그만 늦잠을 자고 말았어요. "아함, 잘 잤다!"라면서 잠에서 깨어난 아기 토끼는 깜짝 놀랐어요. 집에 아무도 없었거든요.

- 부모는 다음 이어질 상황에 대해 유아에게 질문해 보고 유아가 스스로 이야기를 꾸며 보도록 격려한다.

  식구들이 다 어디로 갔을까?

  아기 토끼는 기분이 어땠을까?

- 다음 이야기를 유아가 꾸며서 이야기를 구성해 나간다.

  아빠 토끼는 회사에 가고, 언니 토끼랑 오빠 토끼는 학교에 갔어요. 그런데 엄마 토끼는 어디에 갔는지 모르겠어요. 그래서 아기 토끼는 슬펐어요.

- 같은 방법으로 부모와 유아가 번갈아가며 이야기를 만들어 나간다.

  그래서 아기 토끼는 엄마 토끼를 찾기 시작했어요.

❀ 이야기를 만들어 가는 동안 유아는 편안하게 잠이 들 수도 있다.

길게 길게 만드는 국수 놀이

교육적 효과

✿ 소근육을 이용한 종이 찢기를 통해 신체 조절력과 미적 표현력이 향상된다.

✿ 주변의 물건을 이용하여 스스로 놀잇감을 만들 수 있다.

준비물

✿ 다양한 재질과 색상의 종이
  (작게 잘라 놓은 신문지, 광고 전단지, 사각 휴지, 색종이)

✿ 가위

✿ 플라스틱 그릇이나 용기

✿ 젓가락이나 포크, 숟가락

이렇게 놀이하세요

✿ 준비된 종이 중 원하는 것을 골라 손으로 가늘고 길게 잘라 본다.

- 위에서 아래쪽으로 길게 잘라 본다(종이 위쪽을 가위로 2~3cm 정도를 잘라놓으면 유아들이 좀 더 쉽게 자를 수 있다).

  더 길게 잘라 볼까?

  더 가늘게 잘라 볼까?

- 사각 휴지는 일정 방향 결을 살리면 더욱 쉽게 자를 수 있다.

- 원하는 색깔만 골라 잘라 보기도 하고, 같은 색깔끼리 그릇에 담아 본다.

  하얀색끼리 모아 보자.

  까만색끼리 모아 보자.

색깔 분류해 보기

✿ 길게 자른 종이를 그릇에 담고 모양과 길이, 색깔을 살펴본다.

부모: 어떤 것이 가장 길까(가늘까)? 찾아보자. 길이를 대볼까?

　　　길게 자른 종이를 그릇에 담아 놓으니 무엇처럼 보이니?

유아: 하얀 종이는 하얀 국수!

부모: 그럼, 까만 종이는?

유아: 짜장면!

부모: 빨간 종이는?

유아: 스파게티!(또는 비빔국수)

길이 비교해 보기

✿ 색종이를 잘게 잘라 고명이나 양념 모양으로
만들어 국수 위에 올려주면 더욱 맛있게 보인다.

고명 올리기

완성된 종이 국수

이렇게도 놀이할 수 있어요

✿ 유아들과 함께 만든 종이 국수로 역할놀이 '국수가게 놀이'로 발전시키
면 더욱 흥미롭다.

국수가게 놀이하기

꽃잎 물감 놀이

교육적 효과

✿ 자연물에서 물감을 추출해내는 방법을 경험한다.

✿ 꽃잎 물감으로 그림을 그려 보면서 색채 감각을 기른다.

준비물

✿ 여러 가지 색깔의 꽃잎과 들풀잎

✿ 거즈 손수건

✿ 하얀색 한지나 도화지

✿ 작은 나무 방망이나 작은 절굿공이

✿ 물

여러 가지 꽃잎과 들풀잎

이렇게 놀이하세요

✿ 색깔이 선명한 꽃잎을 준비한다.
- 길가에 떨어진 꽃잎을 주워서 사용할 수 있다.
- 결혼식장 등에서 사용한 커다란 화환용 꽃을 활용할 수도 있다.

✿ 준비된 재료를 사용하여 꽃잎 물감 놀이를 한다.
- 거즈 손수건을 반으로 접어 반쪽에만 꽃잎을 하나씩 따서 올려놓는다(물감으로 데칼코마니를 하는 방법과 동일하다).
- 꽃잎이 없는 다른 쪽으로 덮는다.
- 꽃잎을 올려놓은 부분을 방망이로 두드린다.
- 손수건을 다시 펴서 꽃잎을 잘 털어내고, 꽃잎으로 찍은 무늬(대칭으로 찍힌다)를 감상한다.

와, 나비 모양처럼 그림이 생겼네.

꽃잎 물감 향기도 맡아 볼까?

꽃잎을 올려
방망이로 두드리기

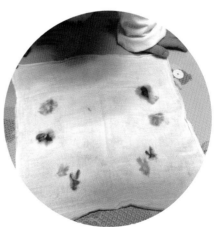

꽃잎으로 찍은 무늬 감상하기

✿ 주변에서 들꽃이나 들풀을 모아다가 물감 놀이를 한다.
- 그릇에 모아온 들꽃이나 들풀을 놓고 방망이로 빻는다. 이때 사용하는
  그릇은 방망이로 두드려도 되는 것으로 준비한다.
- 빻아서 생긴 물을 손가락으로 찍어서 하얀색 한지 위에 손가락 그림(핑거
  페인팅)을 그려 본다.
- 완성된 그림을 감상한다.

들꽃 빻기

꽃물로 손가락 그림 그리기

과학 놀이

물놀이 용구를
만들어서 놀아요

교육적 효과

✿ 물의 촉감을 다양한 방법으로 느껴 본다.

✿ 일상용품을 재활용하여 재미있는 물놀이 용구를 만들어 본다.

✿ 물의 힘(수압)에 따라 물줄기가 다양하게 뻗어나가는 것을 관찰한다.

준비물

✿ 커다란 목욕통이나 욕조

✿ 샤워기

✿ 빈 페트병, 마요네즈나 케첩 용기, 지퍼백 등의 재활용품

✿ 송곳

이렇게 놀이하세요

✿ 다양한 재활용품을 이용하여 물놀이 용구를 만든다.
- 페트병: 송곳으로 페트병 옆면에 구멍을 여러 개 뚫는다(예: 세로로 뚫기, 가로로 뚫기, 사선으로 뚫기, 물결무늬로 뚫기 등).
- 마요네즈나 케첩 용기: 뚜껑 부분에 송곳으로 구멍 1~2개를 뚫어 물총처럼 만든다.
- 지퍼백: 페트병과 같은 방법으로 지퍼백 여기저기에 구멍을 뚫는다.

✿ 물이 가득 담긴 커다란 목욕통이나 욕조에 들어가 다양한 방법으로 물놀이를 한다.

지퍼백과 페트병을
활용하여 물놀이하기

- 욕조에 부착된 샤워기로 물을 뿌리면서 놀이한다. 이때 물의 양, 샤워기의 높이에 따라 다른 물줄기의 모양과 세기를 관찰할 수 있도록 격려한다.

비가 내립니다. 주룩주룩 비가 내립니다.

아주 센 비가 내립니다. 쏴아.

아주 약한 비가 내립니다. 살살.

- 페트병이나 지퍼백을 물속에 넣어 물을 가득 담은 후 밖으로 꺼내 높이 든다. 이때 구멍마다 뻗어 나오는 물줄기를 관찰한다.

와, 구멍에서 물이 나오네.

어느 구멍의 물줄기가 제일 멀리 갈까?

- 마요네즈 용기에 물을 가득 담아 물총 놀이를 한다. 이때 용기를 누르는 힘에 따라 물이 나가는 거리를 관찰하도록 격려한다.

힘껏 눌러 보자. 와! 더 멀리 나가네.

살살 눌러 보자. 조금만 나가네.

서로 다른 세기로 용기 누르기

✿ 부모와 유아가 서로 물을 뿌려주면서 물놀이를 한다.

신나는
셰이빙크림 놀이

교육적 효과

✿ 다양한 방법으로 손가락을 움직이며 셰이빙크림의 촉감을 느낀다.

✿ 즐겁게 놀이하며 자연스럽게 물과 셰이빙크림의 특성을 탐색한다.

준비물

✿ 젖어도 되는 간편한 옷

✿ 셰이빙크림

✿ 거울

✿ 분무기

✿ 카메라

이렇게 놀이하세요

✿ 간편한 옷을 입고 물을 자유롭게 사용할 수 있는 욕실이나 마당에서 놀이한다.

✿ 아빠가 셰이빙크림을 사용하는 모습을 보여준다. 유아는 아빠를 따라 해본다.
 - 셰이빙크림 용기를 마구 흔든 후, 손바닥에 크림을 짠다.
 - 유아가 하얀 거품이 나오는 것을 자세히 관찰할 수 있도록 해준다.

   하얀 거품이 나옵니다. 슈웅.

   하얀 거품이 꼭 무엇처럼 보이니?

   유아는 아이스크림, 구름, 눈, 솜사탕 등을 말한다.

✿ 유아와 아빠가 마주 보고 셰이빙크림으로 친밀감 형성 놀이를 해본다.
 - '코코코' 놀이를 하며, 해당하는 신체 부위에 서로 셰이빙크림을 찍어준다.

   코코코코~~ 코!, 코코코코~~ 손!, 코코코코~~ 볼!

 - 셰이빙크림을 손에 묻히고 서로 악수를 하며 손바닥을 비벼 본다.
 - 왼손을 주먹 쥐고 그 위에 셰이빙크림 거품을 올려서 아이스크림처럼 만들어 본다. 서로 아이스크림을 먹여주거나 맛있게 먹는 흉내를 내본다.

✿ 셰이빙크림을 욕실 거울이나 타일에 바르고 손가락 그림(핑거페인팅)을 그린다.
 - 거울이나 타일에 크림을 바르고 핑거페인팅 놀이를 하듯이 손가락을 자유롭게 움직이며 그림을 그린다.
 - 손가락에 묻은 셰이빙크림의 촉감을 느껴 본다.
 - 손가락 그림을 그릴 때는 손가락의 개수를 달리하거나 손가락 힘의 강약을 조절하면서 놀이한다.

- 손가락이 움직이는 대로 다양하게 그려지는 셰이빙크림 그림을 관찰한다.

셰이빙크림으로 손가락 그림 그리기

✿ 셰이빙크림 그림 위에 분무기를 뿌려 본다.
  - 셰이빙크림 손가락 그림에 분무기를 뿌려서 크림이 흘러내리는 모습을 관
    찰한다.
  - 분무기로 물을 계속 뿌려서 거품을 모두 씻어낸다.

✿ 아빠와 유아가 셰이빙크림 놀이하는 사진을 찍어주면 좋다.

✿ 놀이를 마무리하고, 몸을 씻고 주변을 정리한다.

이렇게도 놀이할 수 있어요

✿ 셰이빙크림으로 손가락 그림을 그릴 때 신나는 음악을 틀어주어 유아가 더욱 활발하게 움직일 수 있도록 격려한다. 신나게 춤을 추며 그림을 그려도 재미있다.

✿ 하얀색 셰이빙크림에 빨간색 물감을 아주 조금만 타서 잘 섞으면 예쁜 분홍색 거품이 된다. 작은 플라스틱 컵이나 용기에 분홍색 거품을 담으면 유아들은 딸기 아이스크림이라고 생각하고 더욱 즐겁게 놀이하게 된다.

아이스크림 컵에 담아 놀이하기

얼음 조각을 구하자!

교육적 효과

✿ 물이 얼어 얼음이 되고 얼음이 녹아 물이 되는 현상을 이해한다.

✿ 재빨리 도구를 조작하며 눈과 손의 협응력과 민첩성을 기른다.

준비물

✿ 물

✿ 가정용 얼음 얼리는 용기

✿ 지름 30cm 정도 투명 볼

✿ 숟가락

✿ 얼음 담을 그릇

이렇게 놀이하세요

✿ 유아와 함께 얼음 용기에 물을 담아 냉동실에서 얼린다.

　물을 냉동실에 넣어두면 어떻게 될까?

　물이 꽁꽁 얼면 무엇이 될까?

✿ 몇 시간 후 얼음이 꽁꽁 얼면 얼음을 하나씩 꺼내면서 얼음의 모양과 특성을 관찰한다.

　와, 얼음이 꽁꽁 얼었네.

　얼음을 만져 보자. 느낌이 어떠니?

　얼음을 그냥 이렇게 두면 어떻게 될까?

　얼음이 녹으면 무엇이 될까?

✿ 투명 볼에 물을 가득 담고, 재빨리 얼음을 물 위에 띄운다.

✿ 숟가락을 이용해서 물에 떠 있는 얼음 조각을 건져 그릇에 담는다.

　모든 얼음 조각을 다 건질 때까지 한다.

　얼음 조각들이 물에 빠졌어요.

　얼른 얼음 조각을 구해주자.

　자, 이제 2개 남았다.

　얼음 조각 구하기, 성공!

숟가락으로 얼음 조각을 건져내기

✿ 유아들이 숟가락으로 얼음 조각을 건지는 것에 익숙해지면 변형된 방법
　으로 놀이해 본다.
　- 부모와 유아가 각각 건진 얼음을 다른 그릇에 담고, 누가 많이 건졌는지
　　알아본다.
　- 얼음 조각의 수를 더 많이 준비한다. 물에 떠 있는 얼음이 녹기 전에 얼
　　음을 모두 건져야 한다.

이렇게도 놀이할 수 있어요

✿ 얼음을 얼릴 때 여러 가지 색깔 물을 만들어 얼리면 얼음을 건질 때 색깔
　대로 건질 수 있어 재미있다.
　또한 작은 비닐 조각에 다양한 얼굴 표정을 그려 얼음통 각 칸에 하나씩
　넣어 얼리면 표정 있는 얼음을 만들 수 있다.

9월 신체 놀이

이불
놀이터

교육적 효과

✿ 신체 조절력 및 다리의 근력이 길러진다.

✿ 놀이를 하면서 많이 웃게 되어 정서적인 긴장감이 해소된다.

준비물

✿ 이불, 요 여러 채

✿ 베개 여러 개

✿ 수건

색이 다른 베개

이렇게 놀이하세요

✿ 마루나 방바닥에 요와 이불을 여러 채 펴놓는다.

✿ 이불과 요를 이용한 다양한 놀이를 한다.
- 부모와 유아가 서로 이불 속으로 들어갔다가 나왔다가 하면서 까꿍 놀이를 한다.
- 이불을 가슴 정도까지 덮고 누워서 이불 차기 놀이를 한다.
  자, 엄마가 '뻥!'이라고 하면 한 발로 이불을 세게 차는 거야. '뻥! 뻥!' 이번에는 두 발로 '뻥!' 차보는 거야.
- 바닥에 깔린 요의 가장자리를 따라 평균대를 걷듯이 팔을 벌리고 걷는다. 이때 부모가 먼저 시범을 보여주고 뒤에서 따라올 수 있게 유도한다.
- 이불과 요를 개서 여러 채 쌓아놓고(유아 가슴 높이 정도), 유아를 그 위에 올린다. 부모는 유아의 손을 잡아주고, 유아는 두 발 모아 깡충깡충 뛰기 놀이를 한다.

✿ 베개를 이용한 다양한 놀이를 한다.
- 베개를 다리 사이에 끼고 베개 끝을 손으로 잡고 말타기 놀이를 한다.
  이랴, 이랴! 말아, 달리자! 힘차게 달리자! 이랴, 이랴!
- 여러 개의 베개를 일정 간격으로 바닥에 놓아두고 두 발 모아 건너뛰기를 한다.
- 부모가 베개를 잡고 유아는 주먹으로 베개를 치면서 권투 놀이를 한다. 이때 유아의 손에 권투장갑을 낀 것처럼 수건으로 감싸주면 더욱 재미있다.

✿ 다 같이 놀이에 사용한 이불과 요, 베개를 정리한다. 잠자기 전에 놀이를 했다면 주변을 정리하고 잠자리에 든다.

두 발 모아 건너뛰기

동그라미 과자, 네모 과자

교육적 효과

❀ 여러 가지 과자를 같은 모양끼리 모으며 모양 변별력을 기른다.

❀ 과자로 다양한 모양을 구성하며 공간 지각능력과 공간 구성력이 발달한다.

준비물

❀ 여러 가지 모양의 과자들
  (동그라미 과자, 네모 과자, 반지 모양 과자 등)

❀ 동그라미나 네모 모양의 플라스틱 그릇이나 쟁반, 접시

❀ 과자를 담을 넓은 쟁반

❀ 선을 긋거나 모양을 그려 놓은 흰 도화지

❀ 가는 리본 테이프

이렇게 놀이하세요

✿ 준비한 과자를 모두 넓은 쟁반에 담는다.

✿ 각각의 과자 모양을 살펴보고, 모양대로 접시에 나누어 놓는다(모양 변별력 놀이).

이 과자는 어떤 모양이니?

동그라미 과자는 동그라미 접시에 담아 보자.

네모 과자는 네모 접시에 담아 보자.

✿ 도화지 위에 과자 올려놓기 놀이를 한다(모양 분류 및 일대일 대응 놀이).
- 선이 그어진 도화지: 선 위로 과자를 줄지어 올려놓는다.
- 동그라미가 그려진 도화지: 동그라미 모양 과자를 크기에 맞춰 올려놓는다.
- 네모가 그려진 도화지: 네모 모양 과자를 크기에 맞춰 올려놓는다.

동그라미가 그려진 도화지 위에
과자를 올려 완성하기

✿ 둥근 접시 위에 과자를 올려 얼굴 꾸미기 놀이를 한다(공간 지각 및 구성 놀이).

　- 원하는 과자를 골라 접시 위에 눈, 코, 입, 귀 등을 표현한다.

　- 부모는 유아가 독특하고 재미있는 얼굴 표현을 하도록 격려해준다.

완성된 얼굴 모양 과자

둥근 접시에
과자로 얼굴 꾸미기

✿ 과자 목걸이를 만든다(소근육 놀이).

　- 반지 모양 과자를 여러 개 끈이나 리본에 끼워 과자 목걸이를 만든다.

　- 완성된 목걸이는 유아와 부모가 돌아가며 걸어 본다.

반지처럼 생긴 과자로
과자 목걸이 만들기

✿ 놀이를 마무리하며 과자를 맛있게 먹는다.

- 과자를 먹을 때도 부모가 재미있는 수학 놀이를 하며 먹는 것을 유아에게 보여주어도 좋다.

  엄마 하나, 나 하나, 엄마 하나, 나 하나. (패턴-규칙성)

  엄마는 제일 큰 동그라미 먹어야지. (비교-서열화)

  커다란 네모 과자를 반으로 잘라서 나누어 먹을까? (나누기-부분과 전체)

이렇게도 놀이할 수 있어요

✿ 반지처럼 생긴 과자는 색깔이 여러 가지 있는 것(예: 시리얼 종류)으로 구입하면 색깔별로 차례대로 끈에 끼우면서 자연스럽게 수학적 개념 중 '패턴(규칙성)'을 경험할 수 있다.

✿ 고깔 모양의 과자를 준비해서 유아와 부모가 각각 손가락에 끼워 뾰족한 과자 손톱을 만들고, "어흥! 호랑이다."라고 하며 상상놀이를 해도 재미있다. 호랑이를 물리치는 방법은 재빨리 과자 손톱을 먹어치우는 것이다.

재미있는 줄 놀이

교육적 효과

❀ 줄을 이용한 다양한 신체 활동을 하며 즐거움을 경험한다.

❀ 줄의 높이에 따라 자신의 신체를 조절하며 움직일 수 있다.

준비물

❀ 긴 줄이나 끈
(선물 포장용 끈, 아빠가 사용하지 않는 헌 넥타이 등)

❀ 방울이나 흔들면 소리가 나는 작은 물건

이렇게 놀이하세요

✿ 유아와 함께 놀이에 필요한 긴 끈을 찾는다.
- 부모가 1m 정도의 긴 끈을 준비하여 보여주고, 이 끈보다 더 긴 끈을 찾
  아보자고 제안한다.
- 집안 구석구석에서 끈을 찾아보고 부모가 들고 있는 끈과 길이를 재어
  본다.

  두 줄을 대보자. 어느 줄이 더 길까? 어느 줄이 더 짧을까?
- 같은 방법으로 놀이에 필요한 2m 정도의 줄을 준비한다.

✿ 줄 위로 건너뛰어 재미있게 줄 놀이를 한다.
- 부모가 각각 줄 양쪽을 잡고, 바닥에서 10cm 정도 떨어지게 잡고 선다.
- 유아가 줄 위를 건너뛴다(예: 두 발 모아 뛰기, 발 벌려 건너뛰기).
- 유아가 건너뛰는 정도에 따라 높이를 약간씩 높인다.

✿ 줄 아래로 통과하여 재미있게 줄 놀이를 한다.
- 부모가 각각 줄 양쪽을 잡고, 유아의 키보다 약간 높은 높이로 잡고 선다.
- 유아는 줄을 건드리지 않고 아래로 통과한다.
- 점점 줄의 위치를 낮추고 유아가 그 아래로 통과한다. 이때 유아가 자신
  의 몸을 점점 낮추어가며 줄을 통과할 수 있도록 격려한다.

  어? 줄에 닿으면 안돼요! 어떻게 지나가야 할까?

  그렇지, 이번에는 고개를 숙이자.

  이번에는 기어가 보자.

✿ 줄에 달린 방울을 쳐 본다.
- 줄에 방울이나 흔들리면 소리가 나는 작은 물건 여러 개를 단다.
- 줄을 유아의 키 높이 정도로 든다. 유아는 위로 뛰어 방울치기 놀이를 한다.
- 줄의 높이를 조금씩 높이면서 놀이를 한다.

줄 아래로 통과하기

줄에 달린 방울치기

10월	요 리

동글동글 주먹밥

교육적 효과

✿ 다양한 요리 재료를 탐색하며 특성을 이해한다.

✿ 직접 요리하고 먹어 보며 올바른 식습관을 기른다.

준비물

✿ 밥

✿ 갈아서 볶은 쇠고기,

　잘게 썬 당근, 볶은 잔멸치 등의

　속 재료

✿ 김가루, 소금, 참기름, 깨소금

✿ 커다란 투명 유리볼

✿ 주걱

✿ 작은 쟁반이나 접시

여러 가지 주먹밥 재료

이렇게 놀이하세요

✿ 준비한 밥을 주먹밥용으로 양념한다.
  - 밥을 고슬고슬하게 잘 지은 후, 유리볼에 담는다.
  - 주걱으로 밥을 이리저리 저어 뜨거운 김이 빠지도록 한다.
  - 소금을 넣어 간을 맞추고 참기름과 깨소금을 넣고 잘 섞는다.

✿ 유아가 먹기에 적당한 크기로 밥을 덜어낸다.

✿ 덜어낸 밥을 동그랗게 꼭꼭 뭉친 후, 손가락으로 가운데에 구멍을 만든다.

✿ 구멍 속으로 원하는 재료를 골라 넣고 다시 속이 보이지 않게 잘 막는다.
  꼭꼭 숨어라, 멸치볶음이 보인다.
  꼭꼭 숨어라, 소고기가 보인다.

김가루 위에 주먹밥 굴리기

구멍 속으로 재료 넣기

✿ 유아의 기호에 따라 잘게 썬 김가루를 쟁반에 뿌려 놓고, 그 위에서 주먹
밥을 굴려 볼 수도 있다.

동글동글 굴려 보세요.

주먹밥이 김가루 옷을 입어요.

✿ 주먹밥을 먹는다.

- 한입을 깨물어 먹어 보고 주먹밥 안에 어떤 재료가 들어 있는지 알아본다.

✿ 평소에 유아가 잘 먹지 않는 음식도 '꼭꼭 숨어라'의 숨바꼭질처럼 주먹
밥을 만들어 먹어 보는 놀이로 접근하면 잘 먹게 되고 편식 습관을 줄일
수 있다.

바둑알
수 놀이

교육적 효과

✿ 바둑알을 이용하여 다양한 수학적 놀이를 해본다.

✿ 패턴을 인식하고 만들어 본다.

준비물

✿ 검은색 바둑알 10개

✿ 흰색 바둑알 10개

✿ 종이에 그린 바둑판 각 2개

종이 바둑판

이렇게 놀이하세요

✿ 바둑알을 이용한 다양한 수학적 놀이를 해본다.

- 검은색과 흰색 바둑알을 섞어 놓고, 같은 색깔끼리 모은다(분류).
- 바둑알이 담긴 통에서 검은색과 흰색 바둑알을 각각 10개씩 꺼낸다(수 세기).
- 바둑알을 옆으로 길게 놓아 본다(길이).

✿ 종이 바둑판에 바둑알을 채우면서 기차놀이를 해본다.

- 부모와 유아가 각각 어떤 색깔의 바둑알을 할지 정한다.
- 종이 바둑판 한 칸에 바둑알을 한 알씩 올려놓는다. 이때 동시에 할 수도 있고, 유아와 부모가 교대로 한 알씩 놓아 볼 수 있다.

  바둑판 기차에 사람들이 탑니다. 한 사람씩 차례대로, 칙칙폭폭!
  사람들이 다 타면 기차는 출발합니다. 칙칙폭폭!

- 바둑판에 바둑알을 모두 채우면, 다시 하나씩 뺀다.

  이제 집에 도착했습니다. 차례차례 한 사람씩 내리세요. 칙칙폭폭!

✿ 종이 바둑판을 이용한 패턴 놀이를 해본다.

- 부모가 먼저 패턴을 만들어 바둑판을 채우면, 유아가 따라서 바둑판을 채운다(예: ●○●○●●○●○ / ○○●○○●○○●).

  이번에는 기차에 사람들이 순서대로 탑니다. 검은색 옷 입은 사람, 하얀색 옷 입은 사람, 검은색 옷 입은 사람, 하얀색 옷 입은 사람, 다음에는 어떤 사람이 탈까요?

- 역할을 바꾸어 유아가 패턴을 만들고 부모가 따라서 만들어 본다.
- 2개의 바둑판을 길게 연결하여 유아와 부모가 함께 패턴을 만들어간다.

✿ 종이 바둑판에 바둑알 놓기가 익숙해지면, 실제 바둑판에 바둑알을 놓아 보며 패턴 놀이를 확장해 볼 수 있다.

바나나 롤샌드위치

교육적 효과

✿ 납작한 식빵을 동그랗게 말아 보며 집중력과 소근육을 발달시킨다.

✿ 맛있는 간식을 직접 만들어 먹어 보는 즐거움을 경험한다.

준비물

✿ 샌드위치용 식빵

✿ 바나나

✿ 생크림이나 잼

✿ 버터나이프, 칼, 가위, 접시

이렇게 놀이하세요 〰

✿ 식빵 가장자리 딱딱한 부분을 가위로 잘라낸다.

✿ 바나나는 껍질을 벗기고 알맞은 크기로 자른다.
  - 길이는 식빵 길이만큼, 두께는 반으로 자른다.

✿ 식빵 위에 생크림이나 잼을 골고루 펴서 바른다. 그 위에 자른 바나나를 얹는다.

✿ 바나나 얹은 식빵을 김밥 말듯이 돌돌 말아준다. 식빵이 풀리지 않도록 약간 누르면서 말아야 한다.

✿ 바나나 롤샌드위치를 먹기 좋은 크기로 3~4등분하여 썬다. 썰어진 단면의 모양을 살펴본다.
  와, 빙글빙글 달팽이 식빵이다!

✿ 같은 방법으로 바나나 롤샌드위치를 더 만든다. 이때 식빵에 바르는 재료를 다양하게 하면 식빵을 잘라냈을 때 여러 가지 색깔을 볼 수 있어 유아들이 흥미로워한다(예: 생크림 - 흰색, 딸기잼 - 빨간색, 포도잼 - 보라색, 땅콩버터 - 황토색).

✿ 샌드위치를 접시 위에 담는다. 이때 모양과 색깔의 특성을 이용하여 재미있는 모양을 구성하면서 샌드위치를 담는 놀이를 해볼 수 있다.

이렇게도 놀이할 수 있어요

✿ 비닐로 된 달걀 포장용기(10알용)를 이용하여 샌드위치를 담아 본다.
  - 포장용기를 깨끗이 닦고, 용기 한 칸에 작게 자른 샌드위치를 하나씩 담
    는다. 이때 잘린 단면이 위로 향하게 담는 것이 더 예쁘다.
  - 용기에 담고 하나씩 빼서 먹어 보면서 자연스럽게 일대일 대응, 수 세기
    를 경험할 수 있다.

12월 신체 놀이

펄펄 눈이 옵니다

교육적 효과

✿ 종이를 재활용하여 재미있는 놀잇감을 만들 수 있다.

✿ 종이 눈을 던지고 뿌리면서 신체 조절력과 민첩성을 기른다.

준비물

✿ A4 크기 이면지 여러 장

✿ 셀로판테이프

✿ 하얀색 비닐봉지

이렇게 놀이하세요

✿ 눈이 내리는 날을 상상하며 눈 관련 노래를 불러 본다.

♬ 펄펄 눈이 옵니다. 하늘에서 눈이 옵니다. ♪

✿ 종이 눈놀이를 하자고 이야기하고, 눈을 만들 이면지를 모은다.

✿ 이면지를 이용하여 눈덩이를 만든다.
- A4 크기의 이면지를 반으로 잘라 동그랗게 뭉치고 끝이 풀리지 않게 셀로판테이프로 붙인다.
- 눈송이를 만들 때, 유아들의 상상력을 자극할 수 있는 이야기를 해준다.

우리는 눈을 만드는 하늘나라 선녀님!
커다란 눈송이, 작은 눈송이를 자꾸자꾸 뿌려줍니다.
우리는 눈을 만드는 구름 요정들!

✿ 방 안에 종이 눈송이가 가득 차면 다양한 눈 놀이를 해본다.
- 눈송이를 위로 던져 뿌린다.
- 바닥에 누워 팔다리를 위아래로 움직여 눈 천사를 만든다.
- 양 끝에서 유아와 부모가 마주 보고 서서 눈싸움을 한다.

유아와 부모가 마주 보고 눈싸움하기

- 하얀 비닐봉지에 종이 눈송이를 모은다. 비닐봉지에 눈송이가 가득 차서
  동그랗게 될 때까지 모은다. 유아와 부모가 각각 눈송이를 모아 동그랗게
  된 2개의 비닐봉지를 붙여 눈사람을 만든다.

✿ 놀이가 끝나면 다시 종이를 한 장씩 잘 펴서 재활용 폐지수거함에 담는다.

잘 듣고 움직여요

교육적 효과

✿ 타인의 말에 관심을 갖고 집중해서 듣는다.

✿ 지시어를 바르게 이해하고 움직임으로 표현한다.

준비물

✿ 각자의 자리를 표시할 방석 또는 쿠션

자리 표시 방석

이렇게 놀이하세요

❀ 온 가족이 모여 놀이한다. 여러 명이 함께 할수록 더욱 재미있다.

❀ 놀이를 함께할 가족들에게 놀이 방법을 설명해 준다.
- 술래 1명을 정한다. 나머지 가족은 몸을 움직이는 사람들이다.
- 술래와 몸을 움직이는 사람들의 자리를 정한다. 둘 간의 거리는 2~3m 정도 떨어지도록 한다. 각자의 자리를 방석 등으로 표시해주면 좋다.
- 술래가 어떻게 몸을 움직이라고 지시어를 말하면 나머지 가족들은 그대로 움직인다.

토끼처럼 움직이기

엉덩이 흔들기

- 술래는 몸을 움직이지 않는 사람을 얼른 잡는다.
- 술래에게 잡힌 사람이 다음번 술래가 된다.

✿ 술래를 정하고 놀이 방법대로 논다.
- 처음에는 엄마나 아빠 등 어른이 술래가 되어 놀이 방법을 시범을 보이고, 익숙해지면 유아들이 술래가 되어 보도록 한다.
- 행동 지시어는 유아가 잘 할 수 있는 것부터 시작해서 난이도를 점점 높인다(예: 토끼처럼 깡충깡충 뛰세요, 엉덩이를 실룩실룩 흔드세요, 한 발을 들고 서세요).

✿ 놀이에 익숙해지면 전래 동요 '무궁화 꽃이 피었습니다'의 운율에 맞추어 놀이한다.
- 술래는 벽 쪽으로 서고, 다른 사람들은 반대쪽에 선다.
- 술래가 벽 쪽에 얼굴을 묻고 '무궁화 꽃이 피었습니다'의 운율에 맞추어 행동 지시어(예: 무궁화 꽃이 세수합니다!, 무궁화 꽃이 춤을 춥니다!)를 말하고, 바로 고개를 돌려 사람들을 살펴본다.
- 다른 사람들은 술래가 말한 대로 재빨리 행동해야 한다. 술래는 움직이지 않는 사람을 찾아낸다.

1월 | 신체 놀이

비닐봉지 공놀이

교육적 효과

✿ 공을 치고 차는 동작을 통해 팔다리의 근력을 발달시킨다.

✿ 일상용품을 이용하여 스스로 놀잇감을 만들어 본다.

준비물

✿ 주방용 투명 비닐봉지

✿ 여러 가지 색깔의 유성 매직

✿ 색종이 여러 장

✿ 나무젓가락

✿ 실, 긴 줄

이렇게 놀이하세요

✿ 준비한 재료를 이용하여 비닐봉지 공을 만든다.

 - 유성 매직으로 비닐봉지 겉에 그림을 그린다.
 - 색종이를 잘게 찢어 비닐봉지 안에 넣는다.
 - 비닐봉지에 공기를 가득 넣어 공 모양으로 만든 후 실로 입구를 묶는다.

비닐봉지에 그림 그리기

비닐봉지에 공기 넣기

✿ 비닐봉지 공을 던지고 치고 차는 놀이를 한다.

 - 유아가 공을 던지면 부모는 공을 받는다.
 - 역할을 바꾸어 부모가 공을 위로 던져주면, 유아가 받아보거나 다시 공을 위로 쳐본다. 비닐봉지 공은 일반 공보다 무게가 가볍다. 따라서 위로 던졌을 때 공중에 떠 있는 시간이 길고 낙하 속도가 느리기 때문에 유아들이 공을 차고 받기에 용이하다.
 - 신체의 다양한 부위(예: 손, 다리, 머리 등)를 이용하여 공을 쳐본다.

- 비닐봉지 끝에 달린 실에 나무젓가락을 단 후, 한 손으로 나무젓가락을 잡고 신체 각 부위로 공을 치거나 차본다.

비닐봉지 공을 손으로 쳐볼까? 하나 둘 셋!
이번에는 발로 차볼까? 뻥! 더 높이 뻥, 뻥!

✿ 비닐봉지 공을 여러 개 만들어 논다.
- 긴 줄을 빨랫줄처럼 집안 적당한 곳(예: 방문 손잡이)에 묶고, 비닐봉지 공 여러 개를 대롱대롱 매단다.
- 공을 연속해서 치거나 차는 놀이를 해본다. 이때 줄의 높낮이를 다양하게 조절하면서 놀이를 하면 더욱 흥미롭다.

발로 공차기

손으로 공치기

하얀 눈 위에 그려요

교육적 효과

✿ 하얀 눈을 도화지처럼 사용해 보며 자연물도 미술도구가 될 수 있다는 것을 경험한다.

✿ 자신의 생각과 느낌을 그림으로 그리며 미적 표현력을 기른다.

준비물

✿ 여러 가지 색깔의 물감

✿ 분무기 여러 개

✿ 물약통 혹은 튜브형 마요네즈통 여러 개

✿ 따뜻한 외투, 장갑, 모자

이렇게 놀이하세요

❀ 부모는 색깔 물을 다음과 같이 준비해서 가지고 나간다.
- 분무기와 물약통에 물을 담는다.
- 분무기와 물약통 안에 물감을 조금씩 짠다. 물감 색깔을 각각 다르게 한다.
- 뚜껑을 닫고 마구 흔들어서 물감이 잘 섞이게 한다.

❀ 밖으로 나가기 전에 따뜻한 외투와 장갑, 모자 등을 챙겨 입는다.

❀ 밖으로 나가 눈이 많이 쌓여 있는 곳을 찾는다.

❀ 눈 위에 몸으로 그림을 그려 본다.
- 신발로 발자국을 찍으며 그림을 그린다.
- 눈 위에 누워서 두 팔과 다리를 위아래로 움직여 천사 날개처럼 만든다.

❀ 눈 위에 색깔 물감으로 그림을 그려 본다.
- 분무기로 색깔 물을 눈 위에 뿌리거나 물약통을 눌러서 색깔 물을 짠다.
- 색깔 물에 의해 눈 색깔이 바뀌는 것을 관찰한다.

❀ 눈 위에 자연물로 그림을 그려 본다.
- 주변에 떨어진 나뭇잎이나 나뭇가지, 돌 등을 줍는다. 눈이 아주 많이 내려 자연물을 구하기 어렵다면 집에서 작은 크기의 재활용품(단추, 뚜껑, 끈 등)을 준비해서 나갈 수도 있다.
- 눈 위에 자연물을 올려놓으며 각자 원하는 그림을 표현해 본다.

이렇게도 놀이할 수 있어요

✿ 눈에 색깔 물을 뿌려 만든 색깔 눈을 이용해서 빙수가게 놀이를 해도 재미있다. 소꿉놀이 그릇에 색깔 눈을 담고 숟가락으로 먹는 흉내를 내며 놀이한다.

호두알이
데구루루 쏘옥!

교육적 효과

✿ 작은 크기의 놀이 도구를 조작해 보면서 소근육 발달을 도모한다.

✿ 게임을 통해 집중력을 기르고 성취감을 경험한다.

준비물

✿ 피자판, 속옷 상자 등의 납작한 상자

✿ 호두알 여러 개 또는 비슷한 크기의 공

✿ 칼이나 가위

이렇게 놀이하세요

✿ 준비한 상자 바닥면에 호두알보다 약간 큰 크기(지름 5cm 정도)의 동그
란 구멍을 칼이나 가위로 뚫는다.

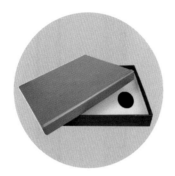

구멍 뚫은 납작한 상자

✿ 혼자서 상자 안에 호두알을 굴려 구멍으로 넣는 놀이를 한다.
- 상자 안에 호두알을 올려놓는다.
- 두 손으로 상자 양쪽 끝을 잡고 호두알을 이리저리 굴린다.

호두알이 이리저리 데구루루, 데구루루.

- 호두알을 굴려 구멍으로 빠뜨린다.
이때 부모가 구멍 아래로 떨어지는
호두알을 손으로 받아보아도 재미있다.

호두알 굴려 구멍에 넣기

✿ 둘이서 상자 안에 호두알을 굴려 구멍으로 넣는 놀이를 한다.

- 유아와 부모가 각각 상자를 하나씩 갖는다.
- 유아가 가진 상자에 호두알을 올려놓고 구멍으로 빠뜨리면, 부모는 얼른 아래쪽에서 상자로 호두알을 받아낸다.
- 이번에는 부모가 호두알을 구멍으로 빠뜨리면, 유아가 아래쪽에서 상자로 받아낸다. 같은 방법으로 놀이를 계속한다.

✿ 유아가 호두알 빠뜨리기에 익숙해지면 게임 형식으로 바꿔 놀이한다.

- 부모와 유아가 각각 상자와 호두알을 하나씩 나누어 갖는다.
- 시작 신호와 함께 호두알을 구멍으로 먼저 빠뜨리는 게임을 한다.
- 이긴 사람은 호두알을 가질 수 있다. 같은 방법으로 게임을 몇 회 반복하고, 마지막에 각자 모은 호두알의 수를 세어 승부를 알아본다.

이렇게도 놀이할 수 있어요

✿ 호두알을 구멍에 넣는 것이 익숙해지면 크기가 작은 밤, 땅콩 등으로 바꾸어 놀이할 수 있다.

쭉쭉 늘어나는 고무줄 저울

교육적 효과

✿ 물건의 무게에 따라 고무줄이 적게(많게) 늘어나는 과학적 특성을 이해한다.

✿ 고무줄 저울 놀이를 하면서 다양한 물건의 무게에 관심을 갖는다.

준비물

✿ 검은색 긴 고무줄

✿ 손잡이가 있고 모양과 크기가 똑같은 바구니 2개

✿ 크기와 무게가 다양한 물건

이렇게 놀이하세요

✿ 손잡이가 달린 바구니에 고무줄을 묶은 후, 고무줄을 단단하고 안전한 곳(예: 벽에 걸린 옷걸이, 방문 손잡이 등)에 걸어준다. 바구니를 2개 준비해서 고무줄을 같은 길이로 나란히 걸어준다.

고무줄 저울 걸기

고무줄 저울에 물건 넣기

✿ 바구니에 물건을 담아 본다. 이때 고무줄이 늘어나면서 바구니가 아래로 내려가는 것을 관찰한다.
 - 바구니에 물건을 점점 더 담아 보면서 고무줄이 늘어나는 정도를 관찰한다.
 - 2개의 바구니에 무게가 각각 다른 물건을 하나씩 넣어 본다. 어떤 쪽 바구니가 더 아래로 내려갔는지 관찰한다.
 - 놀이를 계속하면서 물건이 무거울수록 고무줄이 더 많이 늘어나는 것을 발견한다.

이런 점을 유의하세요

✿ 고무줄 저울에 사용하는 고무줄은 탄성이 좋고 튼튼한 것으로 한다. 털실처럼 가는 줄 형태보다는 0.5cm 정도 폭의 넓적한 밴드 형태의 고무줄이 좋다.

가족이
함께하는 놀이

만 4세

던져요, 던져!
양말공 놀이

교육적 효과

✿ 신체 조절력 및 집중력을 기른다.

✿ 부모와 자녀 간의 정서적인 유대감과 친밀감이 형성된다.

준비물

✿ 크기가 다른 양말 여러 켤레

✿ 크고 작은 바구니나 빈 상자 여러 개

✿ 유아가 좋아하는 신나는 음악

이렇게 놀이하세요

🌸 엄마, 아빠, 유아 등의 온 가족 양말을 여러 켤레 모은다. 이때 같은 양말
끼리 맞추어 보면서 '똑같아요' 노래를 부르거나 가족 구성원에 따라 양
말의 크기가 다른 것을 살펴본다.

부모: 무엇이, 무엇이 똑같을까? 이 양말과 이 양말이 똑같아요.

유아: 이건 아빠꺼, 이건 엄마꺼, 이건 ○○꺼.

부모: 제일 작은 양말은 어디 있나?

🌸 양말 두 짝씩 동그랗게 말아서 양말공을 만든다.

🌸 신나는 음악을 들으며 양말공과 바구니로 양말공 놀이를 한다.
- 유아는 양말공을 던지고, 부모는 바구니를 들고 날아오는 양말공을 받아
  낸다.
- 유아가 공 던지기에 익숙해지면 바구니를 점점 작은 크기로, 공을 던지
  는 거리를 멀리 하면서 난이도를 높인다.
- 역할을 바꾸어 부모가 공을 던지고 유아가 공을 받는다.

🌸 놀이가 끝나면 유아와 함께 양말을 제자리에 정리한다. '여기저기' 노래
를 부르면서 정리하면 즐거운 정리시간이 될 수 있다.

아빠 양말 어디 둘까? 여기! 엄마 양말 어디 둘까? 여기! 누나 양말 어
디 둘까? 여기! 내 양말은 어디에 둘까? 여기!

이렇게도 놀이할 수 있어요

❀ 바구니나 빈 상자 여러 개를 크기별로 바닥에 늘어놓고 각각 점수(큰 바
  구니 1점부터 작은 바구니로 갈수록 2점, 3점, 4점, 5점으로 늘어난다)를
  써놓은 후 양말공을 던져 넣으면 더욱 재미있다.

크기별로 양말공 넣기

재미있는
말놀이

교육적 효과

✿ 언어 표현력과 연상력이 향상된다.

✿ 주변의 사물을 주의 깊게 탐색하고 특성을 발견할 수 있다.

준비물

✿ 전래 동요 – '원숭이 엉덩이' 악보

'원숭이 엉덩이' 악보

이렇게 놀이하세요

✿ 부모가 먼저 유아에게 전래 동요 '원숭이 엉덩이'를 운율에 맞추어 들려 준다.

원숭이 엉덩이는 빨개, 빨가면 사과, 사과는 맛있어, 맛있으면 바나나, 바나나는 길어, 길으면 기차, 기차는 빨라. 빠르면 비행기, 비행기는 높아, 높으면 백두산!

✿ 부모가 한 소절씩 불러주고 유아가 따라 해본다.

✿ 유아가 노래에 익숙해지면 부모와 유아가 이야기를 나누면서 노랫말을 바꾸어 본다.

부모: 원숭이 엉덩이는 무슨 색?

유아: 빨간색.

부모: 빨간색에는 무엇이 있나?

유아: 고추.

부모: 고추를 먹으면 어떨까?

유아: 매워요.

부모: 매운 건 또 무엇이 있을까?

유아: 양파.

✿ 유아와 함께 바꾼 노랫말로 운율에 맞추어 노래를 불러 본다.

원숭이 엉덩이는 빨개, 빨가면 고추, 고추는 매워, 매우면 양파, 양파는 동그래, 동그란 건 축구공, 축구공은 굴러가, 굴러가면 바퀴.

이렇게도 놀이할 수 있어요

✿ 유아들이 직접 집안에 있는 물건을 찾아내면서 노랫말을 바꾸어 보면 주
변 사물을 주의 깊게 관찰하고 특성을 이해하는 데 도움이 된다. 찾아낸
물건을 바닥에 차례대로 늘어놓고 노래를 부르면 더욱 재미있다.

재미있는 소리가 들리는 신문지 놀이

교육적 효과

✿ 신문지로 다양한 소리를 만들고 탐색하면서 청각적 변별력을 기른다.

✿ 신문지를 찢고 구기면서 소근육을 발달시키고, 정서적 긴장감을 완화한다.

준비물

✿ 많은 양의 신문지나 광고 전단지

✿ 유아가 좋아하는 신나는 음악

신문지 여러 장

이렇게 놀이하세요

✿ 유아와 함께 집안 곳곳을 다니면서 신문지나 광고 전단지 등을 모은다.

✿ 넓은 마룻바닥에 신문지를 마음껏 펼쳐 놓는다.

✿ 부모와 유아가 노래를 부르면서 함께 신문지 위를 마음껏 걸어 다닌다.

✿ 부모가 "신문지!"라고 말하면 얼른 신문지 한 장을 줍는다.

✿ 다양한 방법으로 신문지로 소리 내기 놀이를 한다.
  - 한 손으로 들고 흔든다.
    펄럭펄럭 신문지가 바람에 펄럭입니다.
  - 손가락으로 튕기듯이 친다.
    손가락으로 튕겨 보자. 톡톡톡톡.
  - 주먹으로 친다.
    신문지를 주먹으로 세게 쳐보자. 얍얍얍얍.
  - 신문지를 찢는다.
    신문지 국수를 만들어 볼까? 길게, 길게.
  - 길게 찢은 신문지 조각을 뭉친다.
    신문지 공을 만들어 보자. 꼭꼭 뭉쳐요. 꼭꼭.
  - 커다랗게 뭉친 신문지 뭉치를 주먹으로 친다.
    신문지 권투를 해볼까? 하나 둘 하나 둘!

한 손으로 들고 흔들기

신문지 찢기

✿ 놀이가 끝나면 유아와 함께 조각난 신문지를 모으고 정리한다.

이렇게도 놀이할 수 있어요

✿ 유아가 신문지로 다양한 소리 내는 것에 익숙해지면 '우리 모두 다 같이'
  노래에 맞추어 신문지 소리 내기 놀이를 하면 더욱 흥미롭다.

  우리 모두 다 같이 흔들어.
  우리 모두 다 같이 톡톡 쳐.
  우리 모두 다 같이 길게 길게 찢어요.
  우리 모두 다 같이 뭉쳐요.

오르락내리락
옷걸이 저울

교육적 효과

✿ 다양한 물건의 무게를 재어 보고 비교해 본다.

✿ 저울 놀이를 하면서 자연스럽게 무게에 대한 수학적 어휘를 익힌다.

준비물

✿ 집게가 2개 달린 바지걸이 혹은 철사 옷걸이와 빨래집게 2개

✿ 같은 크기의 지퍼백 2개

✿ 무게를 측정할 다양한 물건

이렇게 놀이하세요

✿ 유아와 함께 집안에서 재료를 찾아와 옷걸이 저울을 만들어 본다.
- 양쪽 끝에 집게가 2개 달린 바지걸이를 찾는다.
- 바지걸이 중앙을 잡았을 때 수평을 유지하도록 중심을 맞춘다.
- 집게에 각각 지퍼백을 달아준다.

✿ 무게를 재보고 싶은 물건을 찾아보고, 무게를 재본다.
- 무게가 비슷할 것 같은 물건 2개를 골라 본다.
- 지퍼백 한쪽에 물건을 넣는다. 이때 물건을 넣은 쪽으로 옷걸이가 기울어진 것을 발견한다.
- 다른 한쪽에도 물건을 넣어 본다. 옷걸이가 어느 쪽으로 기우는지 살펴본다.
- 아래쪽으로 내려간 물건이 더 무거운 거라고 알려준다.
- 어느 물건이 더 무거운지 골라 본다.

✿ 여러 가지 물건의 무게를 재보고 비교해 보면서 어떤 물건이 가장 무거운지, 어떤 물건이 가장 가벼운지 알아본다.

여러 가지 물건의 무게 재보기

이렇게도 놀이할 수 있어요

✿ 옷걸이 저울과 같은 원리인 시소를 유아와 함께 타보면서 무게 비교 놀이
를 해본다.

엄마(아빠)가 앉은 쪽으로 '쿵'하고 내려갔네.

우리 ○○가 더 가볍네. '쑤웅'하고 위로 올라갔네.

돌돌이
샌드위치

교육적 효과

✿ 각 재료의 모양, 색, 냄새, 맛을 탐색하면서 감각적 변별력을 기른다.

✿ 직접 요리를 해보면서 즐거움과 정서적인 만족감을 경험한다.

준비물

✿ 샌드위치용 식빵

✿ 마요네즈

✿ 유아가 좋아하는 잼

✿ 오이, 맛살, 햄 등의 속재료

✿ 납작한 접시나 쟁반

✿ 요리용 가위, 칼

여러 가지 샌드위치 재료

이렇게 놀이하세요

✿ 유아와 함께 요리에 필요한 재료를 준비하고 각 재료를 탐색한다.
- 각각의 이름, 모양, 색, 냄새, 맛에 대해 알아본다.

   이건 무엇일까?

   어떤 냄새가 나니?

   맛은 어떠니?

- 눈으로 가리고 냄새를 맡거나 맛만 보고 어떤 것인지 알아맞혀 본다.

✿ 부모가 요리를 위한 기본 준비를 해준다.
- 식빵 가장자리의 딱딱한 부분은 가위로 잘라낸다.
- 오이, 맛살, 햄은 식빵 길이로 자르고 굵기는 0.7cm 정도로 썰어 놓는다.

✿ 순서대로 따라 샌드위치 만들기를 한다.
- 식빵에 마요네즈를 얇게 발라준다. 마요네즈를 바르면 오이에서 나온 물기가 식빵 속으로 스며들어가는 것을 막아주어 더욱 맛있는 샌드위치가 된다.
- 마요네즈를 바른 후 잼을 바르거나, 또는 오이, 맛살, 햄 중 2가지를 골라 마요네즈를 바른 빵 위에 올려놓는다.
- 식빵 가장자리를 잡고 김밥을 말듯이 돌돌 말아준다.
- 동그란 형태가 고정되도록 꼭꼭 눌러준 후 칼로 3등분해서 접시에 담는다. 썰었을 때 잼을 바른 곳이 동그랗게 말려 재미있는 모양이 된다.
- 완성된 샌드위치를 맛있게 먹으면서 샌드위치의 이름을 지어 본다.

   부모: 이 샌드위치 이름을 붙여줄까? 뭐라고 부를까?

   유아: 돌돌이 샌드위치. 달팽이 샌드위치. 김밥 샌드위치.

완성된
돌돌이 샌드위치

물 그림을
그려요

교육적 효과

✿ 물의 속성을 탐구한다.

✿ 물을 미적 표현 도구로 활용해 보는 색다른 경험을 한다.

✿ 손목 힘의 강약을 스스로 조절해가며 도구를 사용할 수 있다.

준비물

✿ 주둥이가 가늘고 긴 주전자나 물조리개

✿ 케첩 병 등의 튜브형 비닐 용기

✿ 움직이기 편한 옷

이렇게 놀이하세요

❀ 날씨가 따뜻한 날에 근처에 있는 동네 초등학교 운동장이나 공원으로 산책을 간다. 주변 자연의 모습과 환경을 관찰해 본다.

❀ 운동장 바닥에 물로 그림을 그린다.
- 준비한 주전자나 비닐 용기에 물을 담는다.
- 주전자를 기울이거나 비닐 용기를 눌러가면서 운동장 바닥에 그림을 그린다. 이때 기울이는 정도나 누르는 힘에 따라 다르게 나오는 물의 양, 바닥에 그려지는 선의 모양과 굵기를 탐색해 본다.
- 다양한 방법으로 그림을 그린다.

  어떤 그림을 그려 볼까?

  앞으로 달려가면서 그림을 그려 볼까?

  꼬불꼬불 지렁이를 그려 볼까?
- 부모와 유아가 함께 그린 물 그림을 감상한다.

운동장 바닥에 그린 물 그림

❀ 시간이 경과하면서 햇볕에 의해 물이 증발되는 모습을 살펴본다.

이렇게도 놀이할 수 있어요

✿ 날씨가 맑은 날에 물로 그림자 그리기 놀이를 해도 재미있다.

- 유아는 재미있는 동작을 한다. 이때 바닥에 서서 같은 모습의 그림자가
  생긴 것을 관찰한다.
- 유아는 움직이지 않고 그대로 서있고 부모가 재빨리 그림자를 따라 물로
  선을 그린다. 물로 그린 그림자의 모습을 관찰한다.

  물로 그린 그림자 속으로 쏘옥 들어가 볼까?

6월 | 언어 놀이

가벼우냐? 맹꽁,
무겁다. 맹꽁

교육적 효과

✿ 사물의 반대 개념을 이해하고 언어로 표현한다.

✿ 단어의 의미를 이해하고, 적절한 몸짓으로 표현할 수 있다.

✿ 동요의 운율을 음미하면서 언어유희를 경험한다.

준비물

✿ 동요 '맹꽁' 악보

'맹꽁' 악보

이렇게 놀이하세요

✿ 유아에게 동요 '맹꽁'을 느낌을 살려 들려준다.

가벼우냐? 맹꽁. 무겁다. 맹꽁!

무거우냐? 맹꽁. 가볍다. 맹꽁!

추우냐? 맹꽁. 덥다. 맹꽁!

더우냐? 맹꽁. 춥다. 맹꽁!

✿ 부모와 유아가 묻고 대답하는 형식으로 주거니 받거니 하면서 읊어본다.

부모: 가벼우냐? 맹꽁.

유아: 무겁다. 맹꽁!

✿ 주고받는 단어의 의미를 몸짓으로 표현하면서 읊어본다(예: 온몸을 오들오들 떨면서 "추우냐? 맹꽁."이라고 하고, 손으로 부채질하면서 "덥다. 맹꽁!"이라고 한다).

✿ 다른 반대 개념의 말로 주고받으면서 '맹꽁' 놀이를 해본다.

부모: 크냐? (팔을 아주 크게 벌리면서) 맹꽁.

유아: 작다. (몸을 아주 작게 만들면서) 맹꽁!

부모: 무겁냐? (무거운 짐을 양손에 든 것처럼 끙끙거리며 힘든 표정으로) 맹꽁.

유아: 가볍다. (아주 가볍게 들고 환한 얼굴로) 맹꽁!

부모: 빠르냐? (팔다리를 아주 빨리 움직이며) 맹꽁.

유아: 느리다. (아주 천천히 움직이며) 맹꽁!

이렇게도 놀이할 수 있어요

✿ 동요 '맹꽁'은 반대말을 언어와 몸짓으로 익혀 보는 재미있는 말놀이로 전래 동화 '말 안 듣는 청개구리'와 함께 들려주면 유아의 이해도 빨라지고 더욱 흥미로워한다.

놀잇감이
그리는 그림

교육적 효과

✿ 기계 조작에 의해 움직이는 놀잇감에 관심을 갖고 움직임을 탐색한다.

✿ 우연히 나타나는 형태를 탐색하고 창의적인 조형 활동으로 발전시킨다.

준비물

✿ 건전지를 넣거나 태엽을 감아 움직이는 놀잇감들

✿ 전지 크기 종이

✿ 물감, 붓, 크레파스나 색연필

✿ 셀로판테이프

이렇게 놀이하세요 〰️

✿ 유아와 함께 움직이는 놀잇감을 찾아본다(예: 자동차, 동물, 곤충 등).

✿ 찾아낸 놀잇감을 움직여 보고, 움직이는 방향과 모습을 관찰한다.

✿ 놀잇감의 어느 부분이 바닥에 닿으면서 움직이는지 살펴보고, 그 부분이
어떻게 생겼는지 탐색한다.

장난감 자동차 바퀴가 어떤 모양이니? 바퀴에는 어떤 무늬가 있니?

장난감 거북이 발바닥은 어떤 모양이니?

장난감 장수풍뎅이 다리 끝은 어떻게 생겼니?

✿ 물감을 이용하여 놀잇감이 그리는 그림을 그려 본다.
- 바닥에 전지 크기의 종이를 셀로판테이프로 붙인다.
- 놀잇감의 바닥 면에 물감을 묻힌다.
- 재빨리 놀잇감의 태엽을 감거나 전원을 켠 후 종이 위에 내려놓는다.
- 놀잇감이 종이 위에서 움직이면서 물감이 묻어 찍히는 그림을 살펴본다.

와, 바퀴가 지나가니까 어떤 모양이 생겼니?

거북이는 아주 천천히 움직이면서 지나가네.

자동차가 멈추니까 그림도 멈추네.

✿ 놀잇감이 그린 그림을 살펴보고, 유아가 어울리는
그림이나 연상되는 그림을 첨가해서 더 그려 본다.

✿ 놀이가 끝난 후에는 유아와 함께 놀잇감에 묻은
물감을 닦아낸다.

놀잇감으로
그림을 그려 보기

우산
그림자놀이

교육적 효과

✿ 빛에 의해 그림자가 생기는 것을 이해한다.

✿ 신체 움직임에 따라 달라지는 그림자의 모양을 관찰한다.

준비물

✿ 우산 여러 개

✿ 움직이기 편한 옷, 운동화

엄마 우산과 유아 우산

이렇게 놀이하세요

❀ 햇볕이 쨍쨍한 날 유아와 함께 우산을 들고 마당으로 나간다.

❀ 부모와 유아가 다양한 신체 동작을 하면서 만들어지는 그림자의 모습을 관찰한다.
 - 몸집을 크고 작게 하는 등 변화를 주면서 놀이를 한다.

> 와, 엄마는 커다란 거인 그림자다.

> 그림자를 점점 작게 만들자.

 - 부모와 유아가 쌍둥이 그림자를 만들어 본다. 엄마가 그림자를 만들면 유아가 똑같이 따라하고, 유아가 그림자를 만들면 엄마가 똑같이 따라한다.
 - 부모와 유아가 함께 다양한 그림자를 만들어 본다(예: 유아 뒤에 엄마가 붙어 서서 서로 팔다리를 벌리면 다리가 8개인 거미가 된다).

실내에서 '거미' 그림자 만들어 보기

❀ 우산을 이용하여 다양한 그림자를 만들어 본다. 이때 우산을 펴거나 접는 등 변화를 주면서 놀이를 한다.

> 우산이 기다란 지팡이 그림자가 되었네.

> 누구 우산이 더 큰 그림자를 만들까?

> 우산을 펴니까 그림자가 점점 커지네.

✿ 우산과 다양한 신체 동작을 하면서 재미있는 그림자놀이를 한다.
- 활짝 편 우산을 바닥에 내려놓고, 우산 안으로 들어가 사람 그림자가 보이지 않게 한다.

  우산 속으로 숨자! 어? ○○ 그림자가 없어졌네.

- 우산 그림자 밖으로 팔이나 다리 등 신체 일부만 내놓아 재미있는 그림자를 만들어 본다.

  와, 우산 달팽이가 되었네. 달팽이가 기어갑니다.

우산을 활용한 그림자놀이하기

얼음 볼링 놀이

교육적 효과

✿ 물이 얼어 얼음이 되고, 얼음이 녹아 물이 되는 현상을 이해한다.

✿ 눈과 손의 협응력과 신체 조절력을 기른다.

준비물

✿ 볼링핀 대용으로 사용할 재활용품
  (요구르트 통, 두루마리 휴지심 등)

✿ 물

✿ 얼음 얼리는 가정용 용기

✿ 얼음 담을 그릇

✿ 표면이 매끈하고 넓은 밥상이나 탁자

✿ 색 테이프

✿ 수건

이렇게 놀이하세요

✿ 유아와 함께 얼음 용기에 물을 담아 냉동실에서 얼린다.

  물을 냉동실에 넣어두면 어떻게 될까?

  물이 꽁꽁 얼면 무엇이 될까?

✿ 몇 시간 후 얼음이 얼면 얼음을 하나씩 꺼내면서 얼음의 모양과 특성을 관찰한다.

  얼음 좀 만져 보자. 느낌이 어떠니?

  얼음을 그냥 이렇게 두면 어떻게 될까?

  얼음은 녹으면 무엇이 될까?

✿ 얼음 볼링 놀이를 위한 준비를 한다.

  - 네모난 밥상을 펴고, 한쪽 끝에 요구르트 통이나 휴지심을 볼링핀처럼 세운다.

  - 반대쪽에는 색 테이프로 출발선을 표시한다.

✿ 얼음 볼링 놀이를 한다. 출발선에 얼음 조각을 놓고 볼링핀을 향해 손으로 민다.

✿ 얼음 조각이 미끄러져서 볼링핀을 쓰러뜨린다.

얼음 볼링 놀이하기

✿ 볼링핀을 몇 개 쓰러뜨렸는지 세어 본다.

✿ 놀이가 끝나면 얼음이 녹은 물을 수건으로 닦고 정리한다.

이런 점을 유의하세요 ✿

✿ 유아가 놀 수 있는 정도에 따라 난이도를 다양하게 조절한다.
  - 볼링핀과 얼음까지의 거리를 가깝게 혹은 멀게 한다.
  - 얼음 놓는 쪽을 약간 높게 하여 밥상의 기울기에 따라 얼음이 잘 미끄러
    지도록 조절할 수 있다.

옥수수 인형을 만들어요

교육적 효과

✿ 자연물을 이용하여 놀잇감을 만들어 보는 경험을 해본다.

✿ 다양한 재료를 활용하여 인형을 만들어 보면서 미적인 조형 감각을 기른다.

준비물

✿ 껍질이 붙어 있는 옥수수 여러 개

✿ 단추, 헝겊 등의 꾸미기 재료

✿ 머리끈, 머리핀 등의 여아용 머리 장식

✿ 집에 있는 인형 옷

✿ 본드, 가위

이렇게 놀이하세요

❀ 유아와 부모가 함께 옥수수를 다듬어 삶을 준비를 한다.
  - 겉껍질과 수염을 떼어내고, 속껍질 5~6장은 남겨둔다.

❀ 옥수수를 찜통에 찐다.
  - 옥수수가 잘 익었으면 김을 빼고 식힌다.

❀ 옥수수를 이용하여 인형을 만든다.
  - 옥수수 알은 먹고 옥수숫대만 이용하여 인형을 만들 수도 있고, 옥수수 알이 붙어 있는 그대로 인형을 만들 수도 있다.
  - 옥수수 알이 붙어 있는 것과 옥수숫대만 남은 것의 모양을 관찰해 본다.
  - 옥수수 껍질을 가늘게 찢어 머리카락을 만든다(시간이 경과하면 옥수수 껍질의 물기가 말라서 끝부분이 꼬불꼬불하게 파마한 것처럼 된다).
  - 옥수수 인형의 머리를 하나로 묶어주거나 땋기, 머리핀 꽂아주기 등으로 예쁘게 장식을 한다.

    옥수수 인형에 어떤 머리핀을 꽂아주면 예쁠까?
    ○○가 골라 볼래?

  - 준비한 꾸미기 재료로 옥수수 인형 얼굴을 꾸민다.
  - 헝겊으로 인형 옷을 만들어 입히거나 집에 있는 다른 인형의 옷을 입혀 꾸며 준다.

❀ 완성된 인형을 가지고 부모와 유아가 재미있는 인형놀이를 한다.

옥수수로 만든 인형

바쁘다, 바빠!
발집게 놀이

교육적 효과

✿ 폐품을 활용하여 재미있는 놀잇감을 만들어 보는 경험을 한다.

✿ 눈과 발의 협응력 및 집중력을 기른다.

준비물

✿ 신문지 여러 장

✿ 커다란 쟁반이나 납작한 형태의 큰 바구니 각 2개

✿ 셀로판테이프

이렇게 놀이하세요

✿ 신문지를 작게 잘라 공을 만든다.

- 신문지 한 장을 4등분이 되도록 작게 잘라 신문지 조각을 만든다.
- 신문지 조각을 동그랗게 뭉쳐서 공처럼 만든다.

  동그랗게 꽁꽁! 꽁꽁 뭉치자! 신문지공을 만들어 볼까?
- 뭉쳐진 공이 다시 풀려지지 않도록 셀로판테이프로 잘 붙여준다.
- 같은 방법으로 신문지공을 20~30개 정도 만든다.

✿ 마룻바닥에 신문지공을 골고루 깔아 놓는다.

✿ 발이 집게가 되어 신문지공 줍기 놀이를 한다.

- 바닥에 앉아 두 손을 몸 뒤쪽 바닥에 대고 균형을 잡고 앉는다.
- 엉덩이를 바닥에 붙인 채로 두 발만 사용하여 신문지공을 집어 바구니에 넣는다.

  이제 우리 두 발이 집게가 됩니다. 발집게로 신문지공을 집어 보자.
- 신문지공이 있는 쪽으로 갈 때는 엉덩이를 바닥에 붙이고 가야 한다.

발집게로 신문지공 옮기기

✿ 놀이에 익숙해지면 게임 형식으로 발전시켜 본다.

- 바구니나 쟁반 2개를 준비하고 부모와 유아가 각자의 바구니를 정한다.
- 부모와 유아의 신체 조절력을 고려하여 게임의 규칙을 정한다(예: 부모 바구니는 공에서 먼 쪽에 두거나 혹은 부모는 공을 유아보다 더 많이 넣는다).
- 시작 신호와 함께 게임을 한다.
- 게임이 끝나면 누가 공을 더 많이 담았는지 세어 본다.

✿ 놀이가 끝나면 주변을 깨끗이 정리하고 신문지공을 다시 잘 펴서 재활용 폐지로 모아둔다.

9월 실외 놀이

풀꼬리를
잡아라!

교육적 효과

✿ 동네 주변에서 자라는 여러 가지 풀에 관심을 갖고 관찰한다.

✿ 재미있게 풀꼬리 놀이를 하며 신체 조절력과 민첩성을 기른다.

준비물

✿ 주변에서 자라는 여러 가지 들풀
   (강아지풀, 애기똥풀, 클로버 등)

✿ 가위

✿ 모루나 고무줄

✿ 옷핀

주변에서 흔한 강아지풀

이렇게 놀이하세요

✿ 유아와 부모가 함께 동네 주변을 산책하며 여기저기에서 자란 들풀이나 들꽃을 발견하고 관찰한다.
  - 부모는 동네 주변에서 들풀이나 들꽃이 자라고 있는 곳을 미리 찾아둔다.
  - 유아와 함께 동네 주변을 산책하며 만나게 되는 들풀과 들꽃의 모양과 색깔 등을 관찰한다.
  - 부모는 알고 있는 들풀이나 들꽃의 이름을 자녀에게 알려준다(예: 강아지 풀, 애기똥풀, 클로버, 닭의장풀, 개망초 등).

✿ 강아지풀을 꺾어 재미있는 촉감 놀이를 한다.
  - 강아지풀을 얼굴이나 손바닥, 팔 등에 대고 간지럼을 태워 본다.
  - 강아지풀을 코끝에 대고 간지럼을 태워 본다.

✿ 강아지풀로 꼬리를 연상하고, 꼬리 흔들기 놀이를 해본다.
  - 강아지풀을 보며 연상되는 것을 말해 본다.
    강아지풀은 무엇과 비슷하게 생겼을까?
    이 풀은 강아지 꼬리랑 비슷하게 생겼다고 강아지풀이라고 이름을 붙였대.
  - 강아지풀을 꼬리처럼 엉덩이에 대고 흔들어 본다. 이때 부모는 '바둑이 방울' 노래를 불러주며 유아들의 꼬리 흔들기를 격려해줄 수 있다.
    딸랑딸랑 딸랑 딸랑딸랑 딸랑 바둑이방울 잘도 울린다.
    학교길에 마중 나와서 반갑다고 꼬리치며 따라온다.
    딸랑딸랑 딸랑 딸랑딸랑 딸랑 바둑이방울 잘도 울린다.

✿ 주변에서 유아가 원하는 여러 가지 들풀이나 들꽃으로 풀꼬리를 만든다.
  - 원하는 들풀이나 들꽃을 꺾거나 뽑는다. 풀의 길이가 20cm 이상 되는 것이 좋다.
  - 풀을 잘 정리해서 꼬리 모양을 만들고, 흩어지지 않도록 고무줄이나 모루로 묶는다.
  - 유아가 입고 있는 옷에 풀꼬리를 달아준다. 바지 고리에 끼우거나 옷핀으로 고정시켜 마구 흔들어도 떨어지지 않게 단단히 고정한다.

✿ 풀꼬리를 달고 꼬리 흔들기를 해본다.

✿ 부모와 유아가 함께 풀꼬리 잡기 놀이를 한다.
  - 먼저 유아가 풀꼬리를 달고 도망하는 역할을 하고, 부모가 술래가 되어 꼬리를 잡으러 쫓아가는 역할을 한다.
  - 유아의 꼬리가 잡히면 꼬리를 부모에게 준다.
  - 부모는 꼬리를 달고, 꼬리를 빼앗긴 유아가 술래가 되어 놀이를 계속한다.

우산 비닐
로켓 놀이

교육적 효과

✿ 우산 비닐을 재활용하며 재미있는 장난감을 만들어 보는 경험을 한다.

✿ 놀이를 통해 공기에 대한 과학적 특성을 자연스럽게 경험하고 이해한다.

준비물

✿ 우산 비닐 혹은 응원막대 비닐 여러 개

✿ 여러 가지 색깔의 매직

✿ 색깔 시트지나 모양 스티커, 색종이

✿ 셀로판테이프

이렇게 놀이하세요

✿ 우산 비닐 겉면에 매직이나 색깔 시트지, 스티커를 이용해서 꾸민다.

- 색깔 시트지는 미리 유아가 좋아하는 여러 가지 모양
  (예: 동그라미, 네모, 세모, 꽃, 별, 하트 등)으로 오
  려서 준비한다.
- 색깔 시트지나 모양 스티커를 우산 비닐에 붙여
  예쁘게 꾸민다.
- 매직으로 원하는 그림을 직접 그려 본다.
- 색종이를 오려서 우산 비닐 양쪽에 로켓 날개처
  럼 붙여도 재미있다.

우산 비닐 로켓 만들기

✿ 예쁘게 꾸민 우산 비닐에 공기를 넣어 로켓 모양을 만든다.

- 부모가 우산 비닐 안으로 입바람을 불어넣는다. 되도록 공기가 가득 들
  어갈 수 있도록 분다.
- 비닐 입구를 재빨리 셀로판테이프로 붙여 공기가 새어나가기 않도록 한다.

✿ 우산 비닐 로켓 날리기를 해본다.

- 우산 비닐 로켓을 들고 약간 위쪽을 향하게 해
  서 힘차게 날린다.
- 우산 비닐 로켓이 날아가는 모습을 관찰한다.
- 부모와 유아가 각각 날려서 얼마만큼 날아갔
  는지 비교해 본다.
- 같은 방법으로 놀이를 계속 해본다.

우산 비닐 로켓 날리기

이렇게도 놀이할 수 있어요

✿ 유아가 우산 비닐 로켓 날리기에 익숙해지면 목표 거리나 목표 지점을 정해놓고 날려도 좋다.
- 바닥에 일정 거리를 표시해놓고 날리기를 해본다.
- 공중에 훌라후프를 매달아 놓고, 날려서 통과하기를 해본다. 이때 훌라후프를 우주에 있는 해와 달, 혹은 행성이라고 생각하고 놀이하면 더욱 재미있다.

철사 옷걸이 라켓

교육적 효과

✿ 폐품을 재활용하여 놀잇감을 만들어 본다.

✿ 신체 조절력과 민첩성을 기른다.

준비물

✿ 헌 스타킹

✿ 철사 옷걸이

✿ 양말 여러 켤레

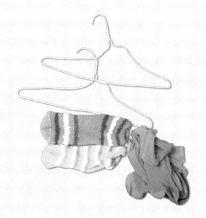

옷걸이 라켓 놀이 재료

이렇게 놀이하세요

✿ 스타킹의 탄력성을 마음껏 탐색해 본다.

- 스타킹 속에 손을 넣고 자유자재로 늘여보면서 스타킹의 특성(감촉, 늘어
  나는 성질 등)을 탐색해 본다.
- 부모와 유아가 각각 스타킹을 손에 끼고 다양한 촉감 놀이를 해본다.

  엄마랑 악수해 볼까? 유아, 간지러워.

  간질간질 손바닥 비비기!

✿ 스타킹과 철사 옷걸이를 이용하여 놀이용 라켓을 만든다.

- 철사 옷걸이의 옷을 거는 부분을 구부려서 동그란 모양의 라켓 틀을 만든
  다. 옷걸이의 윗부분도 완전히 구부려서 동그란 모양의 손잡이를 만든다.
- 옷걸이에 스타킹을 씌워 팽팽하게 당긴 후, 스타킹의 끝부분은 손잡이 부
  분에 묶어 고정시키면 놀이용 라켓이 완성된다.

✿ 양말을 동그랗게 말아서 양말공을 만든다.
  여러 개 만들어 놓으면 놀이하기에 좋다.

놀이용 라켓과 양말공

✿ 옷걸이 라켓과 양말공으로 공 던지기와 받아치기 놀이를 한다.
  - 부모가 공을 던져주고, 유아가 공을 받아친다.
  - 유아에게 공을 던져줄 때는 유아의 운동능력 발달 정도에 따라 거리나
    방향을 조절한다.
  - 연령이 어릴수록 공을 던지는 거리를 가깝게 하는 것이 좋으며, 어린 유
    아들은 야구나 테니스하듯이 공을 옆으로 받아치는 것이 어렵기 때문에
    공을 라켓 위로 수직으로 떨어지도록 던져주는 것이 좋다.
  - 부모와 유아가 역할을 바꾸어 해본다.

밥 지어
떡을 만들어요

교육적 효과

- ✿ 쌀, 밥, 떡의 특징을 알고, 열과 힘에 의한 상태 변화를 이해한다.
- ✿ 다양한 재료를 이용하여 음식을 만들어 보는 즐거움을 경험한다.

준비물

- ✿ 쌀
- ✿ 떡 고물로 쓸 재료
  (볶은 콩가루, 미숫가루, 카스텔라 혹은 삶은 달걀노른자 등)
- ✿ 밥솥, 절구, 절굿공이, 쟁반, 체

이렇게 놀이하세요

✿ 쌀을 깨끗이 씻어 불린다.
- 마른 쌀과 불린 쌀을 탐색하고 비교해 본다.
   (예: 색깔, 한 알의 크기, 전체 양)

✿ 불린 쌀을 밥솥에 담아 밥을 짓는다.
- 쌀과 밥의 상태도 탐색하고 비교해 본다.

✿ 밥을 절구에 넣고 찧어 본다.
- 따뜻한 상태의 밥을 절구에 넣고 절굿공이로 찧어 본다.
- 밥알이 점점 부서지면서 떡처럼 되어가는 과정을 관찰한다.
- 밥알이 엉겨 붙을 정도로 밥을 찧는다.
- 처음 밥과 찧은 후 밥의 상태를 비교해 본다.

✿ 떡에 묻힐 고물을 만든다.
- 집에 볶은 콩가루나 미숫가루가 있으면 그것을 준비한다.
- 카스텔라나 삶은 달걀노른자는 체에 내려 가루로 만든다.
- 떡 고물을 종류에 따라 쟁반에 나누어 담아 놓는다.

✿ 밥을 찧은 것으로 경단 모양의 떡을 만든다.
- 잘 찧어진 밥을 작은 크기로 잘라 손바닥에서
   굴려 동그랗게 만든다.
- 고물이 담긴 쟁반에 놓고 고물이 골고루 잘
   묻도록 굴린다.

✿ 온 가족이 맛있게 나누어 먹는다.

완성된 경단

둥실둥실
달걀배

교육적 효과

✿ 열에 의한 달걀의 상태 변화를 관찰하고 이해한다.

✿ 재료를 으깨고 자르는 과정 속에서 소근육을 발달시킨다.

✿ 맛있는 간식을 직접 만들어 보는 기쁨을 경험한다.

준비물

✿ 달걀 2~3개

✿ 마요네즈 또는 허니 머스터드

✿ 오이, 당근 등의 야채

✿ 소시지나 게맛살

✿ 그릇, 작은 접시, 포크, 주걱

이렇게 놀이하세요

❀ 달걀을 끓는 물에 삶는다.
- 물에 소금 약간 혹은 식초 몇 방울을 넣으면 껍질이 깨져도 달걀이 밖으로 터져 나오지 않는다. 삶은 달걀을 반으로 잘랐을 때, 달걀노른자가 가운데 오도록 주걱으로 달걀을 살살 굴리면서 완숙(15분)으로 삶는다.

❀ 삶은 달걀을 찬물에 헹구고 껍질을 까서 반으로 자른 후, 노른자와 흰자를 따로 담는다.

❀ 소시지나 게맛살을 잘게 잘라 달걀노른자와 마요네즈(혹은 허니 머스터드)로 골고루 버무린다(①).

❀ 오이나 당근을 납작하게 썰어 긴 세모 모양이나 긴 반달 모양 등으로 잘라 달걀배에 달아줄 돛을 만들어 놓는다(②).

❀ 삶은 흰자 안에 ①을 소복이 담고 ②를 달아 달걀배를 완성한다.

❀ 완성된 달걀배를 접시나 쟁반에 놓고 뱃놀이를 해본 후, 맛있게 먹는다. 이때 달걀배를 담는 쟁반이나 접시가 푸른색이면 바다를 연상할 수 있어 더욱 재미있다.

완성된 달걀배

대칭 그림을 그려요

교육적 효과

✿ 그림의 중앙을 중심으로 좌우 혹은 상하 대칭의 개념을 이해한다.

✿ 부분과 전체에 대한 관계를 이해한다.

✿ 소근육을 발달시키고 미적인 표현력을 기른다.

준비물

✿ 잡지나 신문지 등에서 오린 그림이나 사진
  (모양이나 선 구분이 명확한 것이 좋음)

✿ 도화지 여러 장

✿ 크레파스나 사인펜

✿ 작고 네모난 거울

✿ 가위, 풀

이렇게 놀이하세요

🌸 헌 잡지나 신문지에서 놀이에 필요한 그림이나 사진을 오린다.
  - 꽃, 과일, 나비, 물고기, 옷 등 좌우 혹은 상하 대칭이 되는 그림을 고른다.

🌸 준비한 그림을 대칭이 되도록 두 조각으로 자른다.
  - 그림에서 대칭되는 곳을 중심으로 위에서 아래 방향 혹은 왼쪽에서 오른쪽 방향으로 반으로 자른다.
  - 반으로 자른 반쪽 그림들을 섞은 후 퍼즐을 하듯이 같은 그림을 골라 맞춘다.

🌸 준비한 그림으로 대칭 그림 그리기 놀이를 한다.
  - 도화지를 반으로 접는다.
  - 반쪽 그림을 종이의 접은 선을 기준으로 한쪽 방향에 풀로 붙인다.
  - 반쪽 그림 끝에 거울을 대보면 정확한 대칭 그림이 거울에 만들어진다.
  - 거울을 다시 내려놓고 거울로 확인한 반쪽 그림을 대칭이 되도록 유아가 도화지에 직접 그린다.

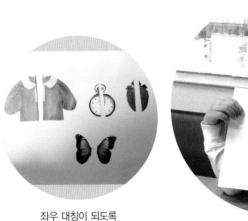

좌우 대칭이 되도록
두 조각으로 자르기

완성된 대칭 그림

이렇게도 놀이할 수 있어요

✿ 나머지 반쪽 그림을 그릴 때는 사실에 근거하여 그릴 수도 있지만, 창의적
   으로 변형하여 그릴 수도 있다.

12월　실외 놀이

겨울새를 위한
맛있는 솔방울

교육적 효과

✿ 겨울이 되어 변하는 자연의 모습에 관심을 갖고 관찰한다.

✿ 겨울새를 위한 먹이를 만들어 보며 동물을 사랑하는 마음을 기른다.

준비물

✿ 솔방울 여러 개

✿ 털실이나 가는 끈

✿ 물엿

✿ 쌀, 조 등 알갱이가 작은 곡식

✿ 쌀로 만든 뻥튀기

✿ 큰 쟁반이나 그릇

이렇게 놀이하세요

❀ 부모와 유아가 함께 주변 공원이나 산으로 산책이나 등산을 간다.
- 겨울이 되어 달라진 공원이나 산의 모습을 발견한다.

  추운 겨울에 되니까 나무들이 어떻게 되었니?

  따뜻한 봄이나 여름, 가을에는 공원의 모습이 어땠니?

❀ 추운 겨울에 공원이나 산에 사는 동물들은 어떻게 살아갈지 이야기해
  본다.
- 추운 겨울에 동물들은 어떻게 살지 생각해 본다.
- 동물들이 봄, 여름, 가을에 비해 겨울에 먹이를 쉽게 구할 수 있을지 생
  각해 본다.
- 동물들이 겨울 동안 먹이를 제대로 구할 수 없다면 어떻게 될지 생각해
  본다.

❀ 겨울새를 위해 솔방울로 먹이를 만들어 본다.
- 솔방울에 끈을 매단다. 이 끈은 나뭇가지에 매달거나 묶을 용도로 사용
  하게 된다.
- 물엿을 큰 그릇에 부어 준비한다.
- 물엿 그릇에 솔방울을 넣었다가 빼서 솔방울 전체
  에 물엿이 입혀지도록 한다.
- 물엿이 묻은 솔방울을 곡식이나 쌀로 만든 뻥
  튀기가 담긴 그릇에 올려놓고 곡식이 골고루
  잘 묻도록 돌돌 돌려준다.

❀ 완성된 솔방울 먹이를 나뭇가지에 걸어준다.

완성된 솔방울 먹이를
나뭇가지에 걸기

✿ 솔방울 먹이를 걸어 놓은 나무에서 약간 떨어진 곳에서 새들이 날아와 솔
  방울 먹이를 먹는지 관찰한다.

✿ 솔방울 먹이를 만들고 남은 곡식은 공원과 산에 골고루 넓게 뿌려준다.

✿ 겨울새를 위해 솔방울 먹이를 만들어 본 기분을 이야기해 본다.

이렇게도 놀이할 수 있어요

✿ 겨울새뿐만 아니라 추운 겨울을 지내야 하는 나무들에게 따뜻함을 전해
  본다(예: 나무 꼭 안아주기, 나무에게 목도리, 모자, 장갑 씌워주기 등). 이
  러한 놀이를 통해 유아들은 동식물을 아끼고 사랑하게 되며 자연의 소중
  함을 경험할 수 있다.

사진 따라 해보요

교육적 효과

- ✿ 자신의 신체를 조절하여 다양한 움직임을 표현해 본다.
- ✿ 유연성과 균형 감각 및 신체 조절력을 기른다.

준비물

- ✿ 유아 사진첩
- ✿ 엄마·아빠의 어린 시절 모습이 담긴 사진첩
- ✿ 전신 거울

이렇게 놀이하세요

✿ 유아와 부모가 함께 사진첩을 살펴보며 이야기 나눈다.

누구일까?

몇 살 때 찍은 사진일까?

어디서 찍은 사진일까?

사진 속의 가족은 무엇을 하고 있는 걸까?

✿ 사진 속 가족들의 모습을 살펴보면서 몸으로 따라해 보는 놀이를 한다.

- 한 사람이 사진을 고르고, 다른 한 사람이 몸으로 표현한다.
- 사진을 고르는 사람은 사진첩을 덮어두었다가 "하나 둘 셋." 이라고 하며 원하는 장을 편다. 사진 중에서 하나를 고른다. "사진처럼 해봐요. 이렇게." 라고 하면서 해당하는 사진을 손가락으로 가리킨다.
- 몸을 움직이기로 한 사람은 사진의 모습을 살펴보고 그대로 몸으로 표현해 본다.
- 사진 속 모습과 표현한 모습을 비교해 본다. 이때 전신 거울이 있으면 거울 속에 비친 모습을 보면서 확인해 보아도 좋다.

✿ 같은 방법으로 역할을 바꾸어가면서 놀이를 계속한다.

사진의 모습대로 몸으로 표현하기

이렇게도 놀이할 수 있어요

✿ 카메라를 준비해두었다가 유아나 부모가 사진을 따라 표현해 본 모습을
   사진으로 찍어 원본 사진과 비교해 보거나 나란히 붙여주어도 재미있다.

1월   언어 놀이

거꾸로 나라에서는
어떻게 말할까요?

교육적 효과

✿ 소리 변별력과 주의 깊게 듣는 태도가 향상된다.

✿ 단어를 구성하는 각 음절에 대한 구별 능력이 형성된다.

준비물

✿ 유아가 좋아하는 놀잇감이나 물건 여러 개
   (인형, 자동차, 연필, 사과 등)

여러 가지 놀잇감

이렇게 놀이하세요

❀ 유아가 좋아하는 놀잇감이나 물건을 여러 개 모은다.

❀ 유아와 부모가 마주 보고 앉는다. 물건은 가운데 늘어놓는다.
   - 각 물건을 하나씩 짚으면서 이름을 말해 본다(예: 인형, 자동차, 연필, 과자, 사과).
   - 부모가 물건의 이름을 말하면 유아가 해당하는 물건을 찾는다.

❀ '거꾸로 나라에서는?' 놀이를 한다.
   - 부모는 유아에게 거꾸로 나라에서는 물건 이름을 거꾸로 말한다고 알려준다.

   부모: 거꾸로 나라에서는 물건 이름을 말할 때, 모두 거꾸로 말해요. 인형은 '형인!', 자동차는 '차동자!', '연필은 필연!', 그럼, 과자는 뭐라고 말할까?

   유아: 자과!
   - 부모가 물건 이름을 거꾸로 말하면 유아가 해당하는 물건을 찾는다.
   - 유아가 놀이에 익숙해지면, 부모는 물건 이름을 넣어 문장형으로 말해준다.

   형인은 어디 있지?

   과사 먹고 싶어요!

   필연 주세요!
   - 역할을 바꾸어 유아가 물건 이름을 거꾸로 말하고 부모가 물건을 찾는다.

❀ 집안 곳곳을 다니면서 거꾸로 나라에서의 물건 찾기 놀이를 확장해서 해 본다.

이렇게도 놀이할 수 있어요

✿ '거꾸로 나라에서는?' 언어 놀이는 집안에서뿐만 아니라, 유아와 함께 길을 걸을 때나 차 안에서 쉽게 즐길 수 있다.

  - 한 사람이 단어를 거꾸로 말하면, 다른 사람은 어떤 단어인지 알아맞힌다.
  - 2음절, 3음절 단어에 익숙해지면, 4음절 단어나 문장형으로 확장해서 놀이한다(예: 해바라기→기라바해, 사랑해요→요해랑사 등).

콕콕콕!
로션 놀이

교육적 효과

✿ 건조한 겨울철에 놀이를 통해 로션 바르기에 친숙해질 수 있다.

✿ 다양한 방법으로 로션을 바르고 문지르며 재미있는 촉감 자극을 경험한다.

준비물

✿ 유아용 보습 로션

✿ 화장대 거울 혹은 커다란 벽면 거울

✿ 넓은 식탁이나 탁자

✿ 식탁이나 탁자에 깔 비닐

✿ 포도 주스 혹은 오렌지 주스 약간

✿ 물약통

✿ 유아가 좋아하는 신나는 음악

이렇게 놀이하세요

❀ 유아가 스스로 손에 로션을 발라 본다.
- 엄마와 유아가 로션을 바르지 않은 손을 마주 잡고 악수하거나 비비며 서로의 촉감을 느껴 본다.
- 엄마가 유아 손에 로션을 짜주면 유아는 로션을 손등, 손바닥, 손가락에 골고루 바른다.
- 엄마도 손에 로션을 골고루 바른다.
- 엄마와 유아가 로션을 바른 손을 마주 잡고 악수하거나 비비며 로션의 촉감을 느껴 본다.

❀ 거울을 보며 유아가 직접 얼굴에 로션을 발라 본다.
- 엄마가 다시 유아 손에 로션을 짜주면 거울을 보며 얼굴에 로션을 콕콕 찍는다.
- 얼굴 각 부위에 로션을 찍을 때, 엄마가 옆에서 "코!", "볼!", "이마!"라고 찍어야 할 부위를 말해주면 유아가 알아맞히듯이 로션을 찍어 보는 것도 재미있다.
- 로션을 손가락으로 원을 그리듯이 얼굴에 발라 본다.

얼굴에 로션 바르기

✿ 로션에 색깔이 있는 주스를 살짝 섞어 손가락 그림(핑거페인팅) 놀이를
한다.

- 유아가 서서 혹은 의자에 앉아서 양팔과 손을 자유롭게 움직일 수 있는
  식탁이나 탁자에서 놀이를 한다.
- 식탁이나 탁자 위를 비닐로 덮는다.
- 비닐 위에 로션을 듬뿍 짠다.
- 두 손을 로션 위에 올려놓고 핑거페인팅 하듯이 손가락을 움직이며 놀이
  한다.
- 색깔이 있는 주스를 살짝 섞어서 색깔 로션을 만들어 본다.
- 색깔 로션 위에서 손가락을 자유롭게 움직이며 그림을 그리며 놀이한다.
- 로션 손가락 그림을 그릴 때 유아가 좋아하는 신나는 음악이나 노래를
  틀어주면 더욱 좋다.

✿ 놀이가 끝나면 엄마와 유아가 함께 놀이한 것을 정리한다.

- 놀이에 사용한 로션을 뚜껑 있는 플라스틱 통에 잘 담아 냉장고에 보관
  하면 다음에 또 놀이할 수 있다.
- 탁자를 정리하고, 손을 깨끗이 씻는다.
- 깨끗해진 손에 로션을 골고루 바른다.

손가락 그림 놀이하기

이렇게도 놀이할 수 있어요

✿ 주스를 섞어 만든 색깔 로션을 이용해 면봉 그림을 그려도 재미있다.

- 검은색 도화지와 면봉, 색깔 로션을 준비한다.
- 면봉에 로션을 묻혀 검은색 도화지 위에 콕콕 찍어 본다.
- 일반적으로 하얀색 도화지에 그림을 그렸던 경험과 달리 검은색 도화지
  에 그려 보면 색다른 경험을 할 수 있고 색채 감각을 기를 수 있다.

도화지에 면봉으로 그림 그리기

쌀
가져오기 놀이

교육적 효과

✿ 주어진 상황에 따라 손목 힘의 강약을 조절한다.

✿ 게임을 통해 집중력을 기른다.

준비물

✿ 쌀이나 콩, 현미, 흑미 등의 잡곡

✿ 납작한 쟁반이나 그릇, 컵

✿ 커다란 밥상
 (턱이 있는 것이 좋음)

✿ 나무젓가락

이렇게 놀이하세요

❀ 유아가 쌀과 잡곡의 촉감을 각각 경험해 볼 수 있도록 준비한 쌀과 잡곡을 각각 쟁반이나 그릇에 담아 촉감 놀이를 해본다.

쌀을 만져 보자, 두 손으로 비벼 보자. 어떤 느낌이 드니?

이번엔 콩을 만져 볼까? 바닥에 대고 비벼 볼까? 어떤 느낌이 드니?

❀ '쌀 가져오기' 게임을 준비한다.
- 밥상 위에 쌀과 잡곡을 서로 섞이지 않게 쏟아 놓는다.
- 쌀을 한 곳으로 모아 산 모양으로 쌀더미를 만들어 놓는다.
- 같은 방법으로 다른 잡곡들도 산 모양으로 만들어 놓는다.
- 쌀과 잡곡 더미 가운데 나무젓가락을 각각 1개씩 꽂는다.

❀ 순서를 정해서 놀이를 한다.
- 자기 순서가 되면 가운데 꽂은 나무젓가락이 쓰러지지 않도록 조심하면서 두 손으로 쌀을 끌어와 자기 앞에 모아둔다.
- 같은 방법으로 다른 잡곡들도 가져오기를 한다. 나무젓가락을 쓰러뜨리면 게임이 끝난다.

❀ 각자 모아온 쌀과 잡곡을 컵에 담아 양을 측정한다.
- 가장 많은 양을 모은 사람이 누구인지 알아본다.
- 게임에 진 사람에게는 재미있는 벌칙을 줄 수 있다. 예를 들어, 게임에 진 사람이 사용했던 쌀과 잡곡을 모아서 물로 깨끗이 씻어 밥을 짓는다.

쌀 가져오기

재미있는
정전기 놀이

교육적 효과

✿ 생활 주변에서 일어나는 과학적 현상에 관심을 가진다.

✿ 정전기를 이용한 놀이를 통해 과학적 탐구력을 기른다.

준비물

✿ 머리빗

✿ 풍선이나 표면이 매끄러운 페트병, 캔

✿ 색종이

✿ 펀치, 가위

이렇게 놀이하세요

✿ 유아가 일상에서 우연히 정전기가 발생하는 상황을 경험했을 때 이 놀이를 한다.

  - 유아가 밖에 나갔다가 집안으로 들어와서 털모자를 벗을 때 흔히 정전기를 경험할 수 있다.

    유아들은 머리카락이 모자에 붙어 춤을 추듯이 위로 올라가는 것을 보고 "괴물이다."라고 하며 즐거워하기도 하기도 하고, "앗, 따가워!"라고 하며 놀라기도 한다.

✿ 집안에 있는 다양한 물건으로 정전기를 만들어 놀이를 한다.

  - 머리빗이나 풍선, 페트병을 옷에 마구 비빈 후 머리에 갖다 대면 머리카락이 달라붙는다.

  - 펀치로 색종이에 구멍을 뚫어 만든 작은 동그라미 조각을 바닥에 깔아놓은 후, 마구 비빈 풍선(혹은 페트병)을 갖다 대면 동그라미 조각들이 "따닥따닥" 소리를 내며 풍선에 붙기도 하고 한 줄로 늘어서 붙기도 한다.

  - 풍선을 비빈 후 비빈 부분을 벽에 갖다 대면 그대로 붙어 있다. 풍선 여러 개를 붙이면 생일파티 분위기를 낼 수 있다.

  - 종이에 사람을 그려 오린 후 바닥에 놓고, 비빈 풍선이나 페트병을 종이 사람 머리 쪽에 살짝 갖다댄다. 이때 "잠꾸러기야, 일어나!"라고 말하면 종이 사람이 스르르 일어난다.

  - 빈 캔을 바닥에 눕혀 놓고 비빈 풍선이나 페트병을 가까이 대면 캔이 저절로 굴러간다.

✿ 이 놀이는 정전기의 원리를 유아들에게 과학적으로 이해시키려 하기보다는 생활 속에서 정전기가 발생하는 현상을 재미있게 놀이로 즐겨보는 데에 의의를 둔다.

종이 사람 일으켜 세우기

가족이
함께하는 놀이
만 5세

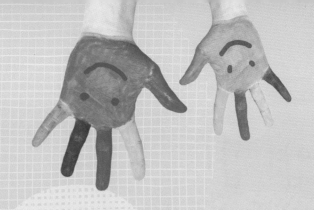

얍! 얍!
신문지 태권도

교육적 효과

✿ 신체 조절력과 팔의 근력이 향상된다.

✿ 성취감을 경험하며 정서적인 만족감을 갖는다.

준비물

✿ 쿠션이나 베개

✿ 신문지 혹은 얇은 잡지 종이 여러 장

✿ 펜

신문지 여러 장

이렇게 놀이하세요

❀ 부모를 따라 태권 동작을 해본다. "얍!" 하고 기합 소리를 내면서 팔 지르기 동작을 해본다. 부모는 쿠션을 들고, 유아는 주먹으로 쿠션을 치면서 팔 지르기 동작을 해본다.

❀ 커다란 신문지를 잘라 도화지 크기 정도로 만든다. 같은 크기의 신문지를 여러 장 만든다.

❀ 부모와 유아가 함께 신문지 태권도 놀이를 해본다.
- 부모는 신문지 한 장을 들고 선다.
- 유아는 태권도를 하듯이 주먹으로 신문지를 격파한다. 주먹으로 여러 번 치면 신문지가 찢어지면서 조각난다. 이때 유아들이 보다 쉽게 격파할 수 있도록 신문지 중앙을 펜으로 찔러 구멍을 여러 개를 내주면 좋다.
- 신문지를 새 것으로 바꾸어가며 놀이를 계속한다.

신문지 격파하기

❀ 놀이가 끝나면 유아와 함께 조각난 신문지를 줍고 정리한다.

이렇게도 놀이할 수 있어요

❀ 신문지 조각을 꼭꼭 뭉쳐서 신문지공을 만든 후, 부모가 바구니를 들고 유아는 신문지공을 던져 넣는 공놀이를 해도 재미있다. 바구니의 위치를 높여가면서 농구 놀이처럼 할 수도 있다.

간질간질 글자를 써봐요

교육적 효과

✿ 유아에게 익숙한 모양이나 글자를 촉감에 의해 변별할 수 있다.

✿ 신체를 이용한 재미있는 놀이를 통해 쓰기에 관심을 가질 수 있다.

✿ 부모와 자녀 간의 정서적인 유대감과 친밀감이 형성된다.

준비물

✿ 유아가 좋아하는 신나는 음악

신나는 음악이 나오는 라디오

이렇게 놀이하세요

✿ 신나는 음악을 들으며 방바닥에 손가락으로 모양이나 글자 쓰기 놀이를 한다.
   - 부모와 유아가 나란히 앉아 방바닥에 손가락으로 여러 가지 모양이나 숫자를 그리거나 써본다(예: ○, □, △, ☆, ♡, 1, 2, 3, 4).
   - 유아가 알고 있는 익숙한 글자를 한 글자씩 써본다(예: 유아 이름).

✿ 서로의 등에 간질간질 쓰기 놀이를 한다.
   - 먼저 유아가 등을 대고 부모가 손가락으로 모양이나 숫자, 글자를 하나 써본다.
   - 어떤 것이었는지 유아가 알아맞힌다.
   - 역할을 바꾸어 부모 등에 유아가 써보고 알아맞힌다.

✿ 다른 신체 부위를 이용해서 모양이나 글자 쓰기 놀이를 해도 좋다(예: 유아는 눈을 감고, 부모가 유아의 손바닥이나 발바닥에 모양이나 글자를 쓴다).

자녀와 부모 등에 손가락으로 글 쓰고 알아맞히기

이렇게도 놀이할 수 있어요

✿ 평소에 하고 싶었던 말을 등에 한 자씩 써보면서 서로의 마음을 표현하는 기회를 가질 수 있다(예: ○○아 사랑해, 엄마 사랑해요).

꼼지락꼼지락
내 짝을 찾아라

교육적 효과

✿ 다양한 물체의 촉감을 통해 감각적 변별력을 기른다.

✿ 물건의 느낌과 특징에 대한 언어 표현력을 기른다.

준비물

✿ 다양한 형태와 재질의 물건 한 쌍
  (장난감 자동차, 블록, 양말, 스펀지, 공, 숟가락, 작은 그릇류 등)

✿ 커다란 바구니 2개

✿ 크기가 큰 베개 커버 1개

이렇게 놀이하세요

✿ 유아와 함께 놀이를 위한 준비를 한다.
- 집안 곳곳을 다니며 다양한 형태와 재질의 물건을 한 쌍씩 찾는다.
- 2개의 바구니에 하나씩 나누어 놓는다.
- 집에서 제일 큰 베개를 찾아 속에 있는 솜을 빼고 커버만 준비한다.
- 한쪽 바구니에 있는 물건을 모두 베개 커버 속에 넣고 지퍼를 채운다.

✿ 각 물건의 촉감을 느껴보고, 같은 물건을 찾아내는 놀이를 한다.
- 남아 있는 바구니에서 물건 하나를 고르고 만져 보면서 촉감에 대해 이
  야기한다.
  (블록을 만져 보면서) 딱딱해요.
  (스펀지를 만져 보면서) 푹신푹신해요.
  (공을 만져 보면서) 말랑말랑해요.
- 물건이 가득 들어 있는 베개 커버 안으로 손을 넣어 만져 보면서 같은 물
  건을 찾아낸다.

✿ 같은 방법으로 놀이를 계속한다.

이렇게도 놀이할 수 있어요

✿ 베개 커버 안에 같은 물건을 여러 개 넣어두고, 몇 개가 들어 있는지 세어
  보는 수 놀이를 해도 흥미롭다(예: 볼풀공 4개를 넣어두고 만져 보고서
  몇 개인지 알아맞히기, 크기가 다양한 숟가락 6개를 넣어두고 만져 보고
  서 몇 개인지 알아맞히기).

세모 만들기 게임

교육적 효과

✿ 점과 선의 관계, 세모가 만들어지는 과정을 이해한다.

✿ 복잡한 그림 안에서 세모 모양을 구별해내며 수를 세어 본다.

✿ 수의 크기를 비교하고 대소 관계를 이해한다.

준비물

✿ 8절 크기의 종이

✿ 검은색 펜이나 연필 두 자루

✿ 빨간색, 파란색 등 구별이 잘되는 색깔펜 두 자루

✿ 식탁이나 커다란 밥상

이렇게 놀이하세요

🌸 식탁이나 커다란 상을 준비하고 부모와 유아가 마주보고 앉는다.

🌸 검은색 펜(연필)으로 준비한 종이에 점을 20~30개 정도 찍는다.

콕콕콕콕, 점을 찍어 볼까?

빈 곳이 생기지 않게 많이 찍어 보자.

점 찍기

🌸 부모와 유아가 색깔펜을 하나씩 나누어 갖는다.

🌸 부모와 유아가 교대로 점과 점을 이어 선(유아들은 '줄'이라고 한다)을 만들어 본다. 계속 점을 이어가면서 선을 여러 개 만들어 본다.

🌸 점을 이어 선을 만드는 것에 익숙해지면, 세모 만들기 게임을 해본다.
  - 다른 종이에 다시 점을 찍어 준비한다.
  - 누가 먼저 할지 순서를 정한다. 게임에서 진 사람이 받을 벌칙도 정한다.
    (예: 엉덩이로 글씨 쓰기, 춤추기, 이긴 사람에게 안마해주기)
  - 한 사람씩 차례대로 점과 점을 이어 선을 만든다.
    한 번에 선 하나만 만들 수 있다.

- 점을 이어가다가 세모가 만들어지면 세모 안에 자기 영역 표시(예: 부모는 ♡ 표시, 유아는 ○ 표시)를 한다.
- 선이 3개가 모이면 세모가 만들어지는 것을 자연스럽게 알게 된다.
- 놀이가 끝나면 각자 세모를 몇 개씩 만들었는지 자기 영역 표시의 수를 세어 본다.
- 세모를 누가 더 많이 만들었는지 비교한다.

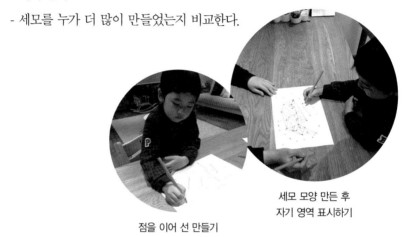

점을 이어 선 만들기

세모 모양 만든 후
자기 영역 표시하기

✿ 놀이에 익숙해지면 점의 수를 늘려서 해본다.

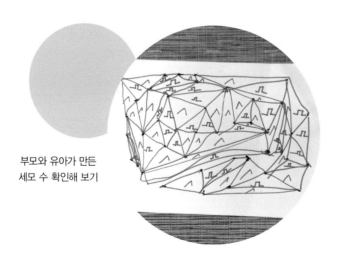

부모와 유아가 만든
세모 수 확인해 보기

5월 | 실외 놀이

으랏차차
풀씨름

교육적 효과

✿ 풀이나 나뭇잎의 모양과 특성을 주의 깊게 관찰하는 태도가 길러진다.

✿ 풀씨름을 하며 힘의 강약을 조절할 수 있다.

✿ 전래 놀이를 경험해보면서 즐거움을 느낀다.

준비물

✿ 산이나 들에서 구할 수 있는 풀

✿ 바구니

✿ 돗자리

집 주변에서 찾은 클로버

이렇게 놀이하세요

❁ 유아와 함께 가까운 산이나 공원 등으로 나가 주변에서 자라는 풀들의 모양이나 크기, 길이를 살펴본다.

어떻게 생겼나?

어떤 모양과 비슷할까?

가장 큰 풀을 찾아보자.

가장 길고 가는 풀을 찾아보자.

❁ 살펴본 풀들 중에서 길쭉한 모양의 것을 뜯어 바구니에 담는다. 이때 크고 거친 풀잎에 손을 베지 않도록 조심한다.

❁ 풀잎으로 풀씨름 놀이를 한다. 돗자리를 준비해 가거나 벤치를 찾아 2명의 유아가 편안한 자세로 마주보고 앉는다.

❁ 풀잎을 하나씩 골라 갖고 서로 고리 모양으로 엇갈려 걸은 후 양손으로 잡는다.

풀씨름 놀이하기

✿ "하나 둘 셋!"이라고 하면 동시에 자기 쪽으로 풀잎을 당긴다. 풀잎이 끊어지지 않는 쪽이 이기는 놀이이다.

✿ 같은 방법으로 놀이를 계속한다. 여럿이 할 경우에는 풀씨름 왕 뽑기 놀이를 해도 재미있다.

이렇게도 놀이할 수 있어요

✿ 풀잎 이외에도 솔잎 2개를 서로 엇갈려 잡고 솔잎씨름을 할 수도 있다. 솔잎 자체의 특성상 모양도 길쭉하고 2개를 엇갈려 걸기에도 편리해서 씨름 놀이를 하기에 적합하다.

비닐봉지 낙하산 놀이

교육적 효과

✿ 물체의 무게에 따라 떨어지는 속도가 다른 것을 이해한다.

✿ 주변의 물건을 이용하여 스스로 놀잇감을 만들어 본다.

준비물

✿ 하얀색·검은색 비닐봉지

✿ 낙하산을 꾸밀 재료
  (유성 매직, 스티커, 색종이, 풀 등)

✿ 가위

✿ 굵은 실

✿ 점토

이렇게 놀이하세요

❀ 비닐봉지의 손잡이 부분을 가위로 잘라 버리고, 겉면을 유성 매직이나
스티커로 꾸며 준다.
 - 손잡이 부분을 자르는 것은 비닐봉지 전체 무게를 균등하게 하기 위함
   이다.
 - 검은색 봉지에 다양한 색깔의 스티커를 붙이면 색의 대비가 되어 좋다.

❀ 비닐봉지 낙하산을 만든다.
 - 비닐봉지 아래쪽 4곳에 적당한 간격으로 실을 묶어 늘어뜨린다.
 - 실 끝을 하나로 잘 모아 중심을 잡고 점토로 동그랗게 말아 실을 감싼다.

❀ 비닐봉지 낙하산 놀이를 한다. 비닐봉지의 위쪽 중심 부분을 잡고 점토가
달린 실을 아래쪽으로 늘어뜨린 후 위로 던진다. 위로 던지
는 것이 어려우면 높은 곳에서 아래쪽으로 던져도 된다.

❀ 낙하산의 떨어지는 모습과 속도를 관찰한다. 낙하산
끝에 매달린 점토의 크기와 모양을 달리하면서 떨어
지는 속도와 모습을 비교해 본다.

비닐봉지 낙하산 떨어뜨리기

이렇게도 놀이할 수 있어요

❀ 실 끝에 점토 대신 작은 용기(예: 젤리 통)를 붙여주면 기구를 날리는 느
낌이 든다.

얼음 종이에 그림을 그려요

교육적 효과

✿ 물과 얼음의 물리적 변화에 관심을 갖는다.

✿ 얼음이 녹으면서 자연스럽게 그려지는 색과 형태의 변화를 탐색한다.

준비물

✿ 다양한 재질의 종이
  (도화지, 한지, 골판지, 신문지, 커피 필터 등)

✿ 넓은 접시나 쟁반
  (냉동실에 얼려도 되는 재질)

✿ 색색의 수성 사인펜 혹은 물감

✿ 붓, 팔레트 등의 물감 도구

✿ 물뿌리개

이렇게 놀이하세요

🌸 준비된 종이를 각각 탐색하고, 특징을 알아본다.

　종이를 만지니까 느낌이 어떠니?

　어떤 종이가 가장 부드럽니(딱딱하니)?

🌸 물뿌리개에 물을 담아 종이에 물을 충분히 뿌려 적신다.

🌸 종이를 접시나 쟁반에 담아 냉동실에서 1시간 정도 얼린다. 종이가 어떻게 될지 예측해 보고 시간의 경과에 따른 종이의 변화를 관찰한다.

🌸 종이가 딱딱하게 얼면 꺼내서 물감이나 수성 사인펜으로 그림을 그린다.

　얼음 종이에 그림을 그리니까 느낌이 어떠니?

　그냥 종이에 그렸을 때와 다른 느낌이 드니?

냉동실에 종이 얼리기

얼음 종이에 그림 그리기

✿ 얼었던 종이가 녹으면서 색이 번지고 서로 섞이는 모습을 관찰한다.

✿ 물기를 잘 말린 후 완성된 그림을 살펴본다. 이때 유아들의 연상력을 자극하는 질문을 하여 창의적인 사고가 일어나도록 돕는다.

어떤 그림처럼 보이니?

무엇처럼 보이니?

딱딱한 얼음 종이에 그림을 그렸을 때와 어떻게 달라졌니?

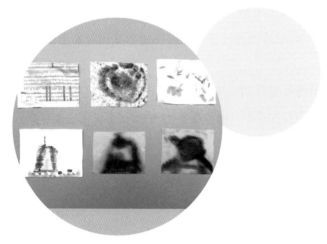

물기가 마른 후 종이의 모습

✿ 종이의 종류에 따라 물을 흡수하는 정도, 얼었을 때의 느낌, 녹으면서 생기는 물의 양이 모두 다르므로 이 현상을 관찰하고 비교해 볼 수 있도록 격려한다.

조형 놀이

얼음 글자를 찾아라

교육적 효과

✿ 글자에 대한 관심이 높아지고 읽기 능력이 향상된다.

✿ 놀이를 통해 자연스럽게 낱자에 대한 개념이 형성된다.

준비물

✿ 종이

✿ 가정용 얼음틀

✿ 크고 넓은 투명 플라스틱 그릇

✿ 유성펜

✿ 작은 체

이렇게 놀이하세요

✿ 종이에 유아가 직접 아는 글자를 써본다. 혹은 원하는 글자를 부모가 써 준다.
  - 자기 이름, 가족 이름, 음식, 동물, 장난감 등 좋아하는 단어를 쓸 수 있다.
  - 글자는 얼음틀의 각 칸에 들어갈 수 있는 크기여야 한다.
  - 글씨는 유성펜으로 써야 나중에 물에 넣었을 때 번지지 않는다.

✿ 종이에 쓴 글자를 읽어 보고 한 글자씩 오린다.

✿ 얼음틀에 물을 붓고 각 칸에 한 글자씩 넣는다. 처음에는 종이가 물 위에 뜨지만 점점 물을 흡수하여 중간쯤에 가라앉는 것을 발견할 수 있다.
  물 위에 있던 글자가 점점 어떻게 되고 있니?

✿ 얼음틀을 냉동실에 넣어 얼린다.

✿ 얼음이 얼면 글자 얼음을 떼어낸다.

✿ 커다란 플라스틱 그릇에 차가운 물을 붓고 글자 얼음을 띄운다.

얼음틀에 글자 넣기

✿ 부모가 글자를 말하면 유아가 재빨리 알맞은 글자를 찾아 체로 건져낸다.
  물에 넣은 얼음들이 이제 어떻게 될까?
  얼음이 녹기 전에 얼른 글자를 건져 보자.

✿ 물에서 건져낸 얼음이 점점 녹으면서 다시 나타난 글자를 읽어 본다.

알맞은 글자를 체로 건져내기

이렇게도 놀이할 수 있어요

✿ 같은 글자를 2개씩 써서 쌍으로 만들고, 플라스틱 그릇 2개를 준비하여 글
자 얼음을 누가 먼저 건져내는지 게임해 볼 수 있다.

소금으로 얼리는 아이스크림

교육적 효과

✿ 사물의 물리적 변화에 관심을 갖는다.

✿ 냉장고를 이용하지 않고 아이스크림을 만들어 보는 색다른 즐거움을 느낀다.

준비물

✿ 우유 1컵

✿ 조각 얼음 3컵 정도

✿ 소금 1~2숟가락

✿ 설탕이나 꿀

✿ 지퍼백
  (큰 것 1개, 작은 것 1개)

✿ 유아가 좋아하는 신나는 음악

이렇게 놀이하세요

🌸 유아와 함께 냉장고의 냉동실에 우유나 요구르트를 넣어두었다가 얼려 먹어 본다. 이런 경험과 연결하여 냉동실 대신 소금으로 아이스크림을 만들 수 있다고 알려준다.

🌸 유아와 함께 아이스크림을 만들어 본다. 작은 지퍼백에 우유를 붓고 설탕이나 꿀을 약간 넣고 입구를 잘 막는다.

🌸 큰 지퍼백에는 준비한 조각 얼음을 가득 넣은 후 소금을 골고루 뿌려 준다.

🌸 큰 지퍼백 속에 우유가 담긴 작은 지퍼백을 넣고 입구를 잘 막는다.

🌸 지퍼백을 양손으로 잘 잡고 흔들어준다. 이때 신나는 음악에 맞추어 흔들면 더욱 재미있다. 부모와 유아가 번갈아가면서 5분 정도 흔들어준다.

소금으로 만든 아이스크림

준비물을 넣고 지퍼백 잠그기

✿ 지퍼백을 열어 우유가 어떻게 되었는지 살펴본다. 우유가 얼어 있는 것을 볼 수 있다(소금은 얼음이 어는 온도를 낮추는 특성을 가지고 있기 때문에 얼음 안에 있는 우유까지 얼게 해준다. 이러한 방법으로 만들어진 아이스크림은 빙수와 비슷하다).

✿ 잘 만들어진 아이스크림을 그릇에 담아 맛있게 먹는다.

이렇게도 놀이할 수 있어요

✿ 유아들의 기호에 따라 딸기 우유나 바나나 우유를 이용하거나 요리용 바닐라향이 있다면 우유에 첨가하여 다양한 맛의 아이스크림을 만들 수 있다.

어디서나 즐기는 비석치기

교육적 효과

❀ 주변에서 쉽게 구할 수 있는 물건을 이용하여 전래 놀이를 해본다.

❀ 신체 조절력과 집중력을 기른다.

준비물

❀ 빈 상자나 용기

❀ 신발

❀ 비석으로 세울 물건과 비석을 맞출 물건
  (허리띠 돌돌 만 것 등)

이렇게 놀이하세요

🌸 동네 운동장이나 공원, 풀밭에서 비석치기 놀이를 한다.
- 출발선과 비석을 세워 둘 자리를 선으로 표시한다.
- 비석으로 사용할 수 있는 여러 가지 물건을 세운다. 이때 약간의 무게감
  을 주어야 잘 세워지므로 빈 용기에 모래나 물을 약간 채우는 것이 좋다.
- 출발선에 서서 손등에 비석을 칠 물건을 올려놓는다.
- 물건이 떨어지지 않게 조심스럽게 걸어가서 비석을 맞춰 쓰러뜨린다.
- 목적물의 크기, 떨어져 있는 거리에 따라 던지는 힘의 크기와 방향을 조
  절한다.

실내에서 즐기는 비석치기

🌸 바닷가 백사장에서 비석치기 놀이를 한다.
- 출발선과 비석을 세울 자리를 물로 선을 그어 표시한다.
- 각자 신발을 벗어 하나는 모래밭에 살짝 꽂아 비석으로 사용한다.
- 남은 신발 한 짝을 손등에 올려놓고 비석을 맞추어 쓰러뜨리는 용도로
  사용한다.

이렇게도 놀이할 수 있어요

❀ 물건을 손등에 올려놓고 움직이는 것에 익숙해지면 다른 신체부위에 올려놓고 놀이를 한다. 이때 각 신체부위에 따라 관련된 명칭을 말해주고 흉내 내면서 놀이할 수 있다.

- 머리 위(떡장수): 머리 위에 물건을 올리고 걸으며 말한다.
  "떡 사세요. 떡 사세요."
- 배 위(배장수): 배 위에 물건을 올리고 말한다.
  "어험, 사장님이 나가신다."
- 어깨 위(장군 까기): 어깨에 물건을 올려 계급장을 단 것처럼 하고는 말한다. "장군님이 나가신다."
- 두 발 사이(토끼 까기): 두 발 모아 물건을 고정한 뒤 토끼처럼 뛰면서 말한다. "깡총깡총! 토끼가 깡총깡총!"
- 겨드랑이 사이(신문팔이): 겨드랑이 사이에 물건을 끼우고 걸으며 말한다.
  "신문이요, 신문!"
- 무릎 사이(걸음마 까기): 무릎 사이에 물건을 고정한 뒤 아기처럼 걸으며 말한다. "아기가 아장아장 걸어갑니다."

미역과 멸치로
바다를 꾸며요

교육적 효과

❀ 자연물을 조형 재료로 활용해 보는 색다른 경험을 해본다.

❀ 미역과 멸치의 특성을 활용하여 창의적인 조형활동을 해본다.

준비물

❀ 건미역 약간

❀ 건멸치나 건새우
　(크기가 큰 것이 좋음)

❀ 두꺼운 도화지

❀ 하얀색 목공용 본드

❀ 크레파스, 큰 붓

❀ 셀로판 종이, 색종이

❀ 큰 그릇, 물

이렇게 놀이하세요

✿ 그릇에 물을 담고 건미역을 담가 불린다.
- 미역은 적당한 크기로 자른 후 물에 담는다.
- 미역을 너무 오래 담그면 힘없이 풀어지므로 말라서 꼬였던 형태가 풀어
  질 정도로만 불린다(약 30분 정도가 적당하다).
- 미역을 물에서 건져 물기를 충분히 뺀다.

✿ 미역과 건멸치, 건새우의 모습이나 크기 등을 관찰한다.
- 마른 미역과 물에 불린 미역의 차이점을 색, 양, 촉감 등으로 탐색한다.
  미역을 물에 불리니까 어떻게 되었니?
  작은 미역이 물을 먹으니까 이렇게 크게 되었네.
- 건멸치와 건새우의 생김새를 살펴보고 어떻게 말린 것인지 이야기해 본다.

✿ 준비된 재료를 가지고 바다 꾸미기를 한다.
- 종이에 미역을 붙여 바다 속 물풀을 표현한다. 두꺼운 종이 위에 파란색
  셀로판지를 붙인 후 꾸미면 바다를 표현하기에 더욱 좋다.
- 건멸치와 건새우를 붙여 바다 속 물고기를 표현한다. 여러 마리를 모아서
  큰 물고기를 만들어도 재미있다.
- 크레파스, 색종이 등으로 바다 속 모습을 더 꾸며 준다.
- 목공용 본드를 물에 타서(1:1의 비율), 완성된 그림 위에 큰 붓으로 칠해주
  면 본드물이 마르면서 윤기가 나서 바다 느낌이 살아난다.

✿ 완성된 그림을 감상한다.
  - 크레파스나 색연필로만 그림을 그렸을 때와 어떻게 다른 느낌이 드는지
    이야기해 본다.

미역과 멸치로 바다 꾸미기

완성된 바다 그림

실외 놀이

애기똥풀
매니큐어 놀이

교육적 효과

✿ 주변에서 자라는 여름철 들풀과 들꽃에 관심을 갖고 관찰한다.

✿ 애기똥풀을 물감으로 사용하여 놀이하며 과학적 탐구심을 기른다.

준비물

✿ 애기똥풀

✿ 손잡이 달린 작은 바구니

여름에 자라는 애기똥풀

이렇게 놀이하세요

✿ 유아와 부모가 함께 동네 주변을 산책하며 여기저기에서 자란 들풀이나 들꽃을 발견하고 관찰한다.
  - 부모는 동네 주변에서 들풀이나 들꽃이 자라고 있는 곳을 미리 찾아둔다. 특히 애기똥풀이 있는 곳을 찾아둔다.
  - 바구니를 들고 유아와 함께 동네 주변을 산책하면서 만나게 되는 들풀과 들꽃의 모양과 색깔 등을 관찰한다.
  - 부모는 알고 있는 들풀이나 들꽃의 이름을 자녀에게 알려준다(예: 강아지풀, 애기똥풀, 클로버, 닭의장풀, 개망초 등).

✿ 애기똥풀을 찾아보고 관찰한다.
  - 애기똥풀의 잎과 꽃잎 모양, 색깔을 관찰한다.

    이 꽃은 무슨 색이니?

    이 꽃을 보니 무엇이 생각나니?

    이 꽃은 무엇과 닮은 것 같니?

  - 애기똥풀의 이름을 알려준다.
  - 이름을 왜 애기똥풀이라고 지었을지 생각해 본다.
  - 애기똥풀 이름의 유래에 대해 알려준다(애기똥풀은 잎이나 줄기를 자르면 갓난아기의 노란색 묽은 똥처럼 보이는 액이 나온다고 해서 붙여진 이름이다).

✿ 애기똥풀 매니큐어 놀이를 해본다.
  - 애기똥풀의 줄기 중간을 자르면 잘린 끝에 송골송골 노란 물이 나오기 시작한다.
  - 애기똥풀의 줄기 끝을 손톱에 대고 문지른다.
  - 손톱에 노란색 매니큐어를 바른 것처럼 노란색 물이 든다.

- 처음에는 부모가 유아에게 직접 발라주며 방법을 가르쳐주고 유아가 혼자서도 할 수 있게 해본다.
- 부모와 유아가 서로 애기똥풀 매니큐어를 발라줄 수 있다.

이렇게도 놀이할 수 있어요

✿ 애기똥풀 이외의 들풀이나 들꽃으로 자연물감 놀이를 해본다.
- 흰색 한지나 가제 손수건을 반으로 접는다.
- 접힌 반쪽 면에 들풀잎이나 들꽃을 가지런히 올려놓는다.
- 나머지 반으로 덮는다.
- 나무망치나 깨끗한 돌멩이로 들풀이나 들꽃 놓은 자리를 콩콩 두드려 준다.
- 접은 면을 다시 펴고 들꽃잎과 들꽃을 떼어낸 후, 묻어나온 풀물과 꽃물을 감상한다.

빨대
축구

교육적 효과

✿ 입으로 부는 힘이 길러져 심폐 기능 강화에 도움이 된다.

✿ 게임의 규칙을 이해하고, 다양한 전략을 세우며 놀이할 수 있다.

준비물

✿ 굵은 빨대 여러 개

✿ 작고 가벼운 볼풀공 혹은 탁구공

✿ 카펫 혹은 우레탄 매트

✿ 좌식 밥상

✿ 축구 골대로 사용할 작은 물건

✿ 두꺼운 종이

이렇게 놀이하세요

✿ 빨대를 입에 물고 바람 불기 놀이를 한다.
- 빨대 끝에 손바닥을 대고 바람이 나오는지 느껴 본다.
- 입으로 부는 힘을 조절하여 바람이 세게, 약하게 나오도록 해본다.
- 부모와 유아가 빨대로 서로 손이나 뺨 등에 바람을 불어준다.

✿ 바닥에 공을 놓고 빨대로 바람을 불어 공을 움직여 본다(연습 게임).
- 놀이할 장소 바닥에 카펫이나 우레탄 매트를 깐다.
- 입으로 바람을 불어 공이 움직이도록 한다.
- 입으로 부는 힘에 따라 공이 움직이는 거리를 살펴본다.
- 카펫 끝 지점에 출발선과 도착선을 정하고 경주하듯이 놀이를 한다.

  누가 먼저 저기 카펫 끝까지 공을 옮겨가는지 경주하는 거야. 시작!
- 카펫 끝에 골대를 하나 만들고, 부모와 유아가 서로 공을 주거니 받거니
  하면서 골대에 공을 넣는다.

✿ 유아가 빨대로 공을 옮겨가는데 익숙해지면 밥상으로
축구장을 만들고 빨대 축구 놀이를 한다(본 게임).
- 바닥에 커다란 밥상을 깔고, 양쪽 끝에 골대를 표
  시하기 위해 블록을 세운다.
- 밥상은 가장자리에 약간의 턱이 있는 것이 좋다.
  평평한 밥상에는 가장자리에 두꺼운 종이로 2cm
  가량의 울타리를 붙여주는 것이 좋다.
- 부모와 유아가 각각 어느 쪽 골대에 공을 넣을지 정한다.
- 부모와 유아가 서로 빨대로 바람을 불어 공을 움직인다.
- 공을 자기 골대에 넣는 사람이 이긴다.

빨대 축구 놀이하기

보고 듣고 만지는
곡식 놀이

교육적 효과

✿ 여러 가지 곡식을 다양한 감각 자극으로 탐색하며 과학적 탐구력을 기른다.

✿ 다양한 방법으로 곡식 알아맞히기 놀이를 하며 즐거움과 성취감을 맛본다.

준비물

✿ 알갱이 크기가 다양한 여러 가지 곡식
   (쌀, 콩, 팥, 좁쌀 등)

✿ 커다란 대야나 넓은 쟁반

✿ 뚜껑이 있는 크고 작은 통이나 재활용품

✿ 곡식을 퍼서 담을 때 사용하는 도구
   (숟가락, 국자, 깔때기 등)

✿ 유아가 좋아하는 신나는 음악

이렇게 놀이하세요

❀ 준비한 곡식을 마음껏 만지며 촉감 놀이를 한다.
- 쌀을 커다란 대야나 쟁반에 붓고, 손가락으로 마음껏 만지며 쌀의 촉감을 느껴 본다.
- 곡식을 손안에 가득 담아도 보고, 손안에서 비벼도 보고, 쏟아보기도 하면서 다양한 촉감을 느껴 본다.
- 같은 방법으로 다른 곡식들도 촉감 놀이를 해본다.
- 유아가 만져 보는 각각의 곡식마다 부모가 이름을 알려준다.

❀ 곡식을 만져 보기만 하고 어떤 곡식인지 알아맞히는 놀이를 한다.
- 유아는 눈을 감는다.
- 엄마가 유아 손에 곡식을 쥐어 주면 유아는 그 곡식을 만져 본다.
- 어떤 곡식인지 이름을 말해 본다.
- 눈을 뜨고 만져 보았던 곡식을 확인한다.

❀ 뚜껑 있는 작은 통에 곡식을 담아 본다.
- 곡식을 담을 때는 여러 가지 곡식이 섞이지 않도록 한 통에는 한 가지 곡식만 담는다.
- 통 안에 곡식을 담을 때는 직접 손으로 하거나 숟가락이나 국자 등의 도구를 이용해서 담아 본다.
- 곡식을 담을 통의 입구가 작아서 곡식을 담기 어려울 때는 깔때기를 이용한다.
- 통의 1/2 정도 곡식을 담으면 뚜껑을 덮는다.

❀ 곡식이 담긴 통을 흔들어 소리를 들어 본다.
- 곡식에 따라 나는 소리가 어떻게 다른지 비교해 본다.

- 가장 큰 소리가 나는 곡식과 가장 작은 소리가 나는 곡식을 찾아본다.
- 음악이나 노래를 틀어 놓고 신나게 곡식 흔들기를 해본다.

✿ 곡식이 담긴 통을 흔들어 소리만 들어 보고 어떤 곡식인지 알아맞히는
  놀이를 한다.
  - 유아는 눈을 감는다.
  - 곡식이 담긴 통을 손에 쥐고 흔들어 본다.
  - 흔들릴 때 나는 소리를 잘 듣고 어떤 곡식인지 이름을 말해 본다.
  - 눈을 뜨고 흔들었던 곡식을 확인한다.

이렇게도 놀이할 수 있어요

✿ 곡식 놀이에 사용했던 곡식 중 일부를 유아와 함께 직접 물로 깨끗하게
  씻어 밥을 지어 본다.
  - 놀이에 사용했던 쌀과 여러 가지 잡곡을 밥 지을 분량만큼 덜어 쌀 씻는
    바가지에 담는다.
  - 물로 쌀을 깨끗이 씻는다. 이때 물에 담긴 곡식들을 만지는 느낌을 물 없
    이 곡식을 만져 보았을 때와 어떻게 다른지 비교해 볼 수 있다.
  - 잘 씻은 곡식에 물을 붓고 한 시간 정도 불린다.
  - 알맞게 잘 불린 곡식을 밥솥에 넣고 밥을 짓는다.
  - 밥이 완성되면 온 가족이 함께 맛있게 먹는다.

재미있는 공놀이

교육적 효과

✿ 공을 다양한 방법으로 조작해 볼 수 있다.

✿ 다양한 동작을 통해 신체 조절력과 민첩성, 유연성을 기른다.

준비물

✿ 고무공(탱탱볼)

✿ 보자기

✿ 반환점으로 삼을 만한 여러 가지 물건
   (화분, 의자 등)

여러 가지 고무공

이렇게 놀이하세요

✿ 유아와 부모가 공을 가지고 자유롭게 놀면서 공의 움직임을 탐색한다.
 - 공 던지고 받기
 - 공 굴리고 받기
 - 다리 사이에 공 끼고 두 발 모아 뛰기
 - 벽을 향해 공을 굴리고 튕겨 나오는 공 받기

✿ 둘이서 공을 전달하면서 공놀이를 한다.
 - 유아와 부모가 등을 대고 앉는다.
 - 서로 양손을 옆으로 움직이면서 공을 왼쪽, 오른쪽으로 연속해서 주고받
   는다.
 - 이때 공을 바닥에 떨어뜨리지 않고 몇 번까지 전달하는지 수를 세어 본다.
 - 공 전달하기에 익숙해지면 속도를 좀 더 빠르게 해서 전달해 본다.

✿ 엄마, 아빠가 만들어준 농구 골대를 이용하여 공놀이를 한다.
 - 부모는 앉은 자세에서 양손을 잡은 채 앞으로 내밀어 동그란 농구 골대
   모양을 만든다.
 - 유아는 엄마, 아빠가 만들어준 농구 골대에 공을 던져 넣는다.
 - 공 던져 넣기에 익숙해지면 점점 골대의 높이를 높인다.

✿ 보자기로 공을 나르면서 공놀이를 한다.
 - 2명이 마주 서서 두 손으로 보자기를 잡고 보자기에 공을 담은 채 반환
   점으로 정한 물건(예: 큰 화분, 의자 등)을 돌아온다.

❀ 보자기로 공을 받으면서 공놀이를 한다.
- 2명이 마주 서서 두 손으로 보자기를 넓게 잡고, 다른 한 사람이 공을 던
지면 보자기로 공을 받아낸다.

보자기로 공 받기

아빠가 만들어준 농구 골대

달밤에
길을 걸어요

교육적 효과

✿ 달의 모양에 관심을 갖고 관찰하며 변화 과정을 이해한다.

✿ 달빛에 의해 만들어지는 그림자에 관심을 갖고 관찰한다.

준비물

✿ 움직이기 편한 옷

✿ 운동화

이렇게 놀이하세요

✿ 달빛이 밝은 저녁에 부모와 유아가 함께 동네를 산책한다.

✿ 산책을 하면서 달의 모양에 관심을 가지고 관찰한다.
- 하늘에 달이 어디에 떠 있는지 찾아본다.
- 달 모양을 살펴보고, 달의 모양 변화에 대해 이야기 나눈다.

  오늘 달은 어떤 모양일까?

  내일 달 모양은 어떻게 변할까?

✿ 달빛에 의해 만들어지는 그림자를 탐색해 본다.
- 그림자가 만들어지는 원리에 대해 이야기 나눈다.

  그림자는 어떻게 만들어질까?

  빛이 없으면 그림자가 만들어질까?
- 부모와 유아의 그림자 길이를 비교해 본다.

✿ 그림자놀이를 한다.
- 부모와 유아가 서로 그림자밟기를 해본다.
- 몸을 이용하여 재미있는 그림자 모양을 만들어 본다.

✿ 부모가 어릴 적 어스름한 달밤에 즐겨 하던 잡기 놀이를 해본다.
- 부모나 유아 중 한 사람은 술래가 되어 앞에 가는 사람을 잡는 놀이를
  한다. 단, 앞뒤 사람의 역할에 따라 잡을 수도 있고 못 잡을 수도 있다.

  앞에 가는 사람 도둑, 뒤에 가는 사람 경찰, 잡아라!

  (경찰은 도둑을 잡을 수 있으니까)

  앞에 가는 사람 임금, 뒤에 가는 사람 신하, 못 잡는다!

  (신하는 임금을 잡을 수 없으니까)

이렇게도 놀이할 수 있어요

✿ 달빛뿐만 아니라 가로등에 의해서도 그림자가 만들어지는 것을 관찰할 수 있다.

- 달빛, 가로등에 의해 그림자가 여러 개 만들어지는 것을 알게 된다.
- 만들어진 그림자의 명암이 각각 다른 것을 관찰한다.
- 빛의 밝기와 떨어진 거리에 따라 그림자의 밝음과 어두움이 다르게 나타나는 것을 발견한다.

고구마
컵케이크

교육적 효과

✿ 고구마가 열에 의해 상태가 달라지는 것을 관찰하고 차이점을 비교한다.

✿ 다양한 재료를 반복적으로 놓아 보면서 패턴을 이해한다.

준비물

✿ 고구마, 카스텔라

✿ 여러 가지 과일
  (귤, 키위, 사과, 배, 방울토마토, 바나나 등)

✿ 생크림, 꿀

✿ 찜통, 체, 투명한 유리컵, 지퍼백

✿ 플라스틱 칼, 포크, 숟가락

이렇게 놀이하세요

❀ 준비한 고구마 중 날고구마를 하나 남기고 나머지는 찜통에 찐다.

❀ 고구마를 찌기 전의 모습과 찌고 난 후의 모습을 비교·관찰해 본다.
  - 날고구마는 차갑고, 찐 고구마는 따끈하다.
  - 날고구마는 딱딱하고, 찐 고구마는 물렁물렁하다.
  - 날고구마는 칼로 껍질을 까야 하나 찐 고구마는 손으로 깔 수 있다.
  - 날고구마보다 찐 고구마의 껍질 색이 더 진해졌다. 속 색깔도 더 진해졌다.

❀ 찐 고구마를 다양한 방법으로 으깬다.
  - 껍질을 깐 찐 고구마를 그릇에 넣고 포크로 잘게 으깨면서 식힌다.
  - 껍질을 깐 찐 고구마를 지퍼백에 넣고 입구를 막은 후 손으로 치고 주무르며 으깬다.

❀ 으깬 고구마에 생크림을 넣고 잘 섞어준 후 꿀을 약간 넣어 섞는다(①).

❀ 준비한 과일은 콩알 크기 정도로 잘게 썰어 준비한다. 같은 과일끼리 같은 그릇에 담아 놓는다(②).

❀ 카스텔라는 체에 넣고 살살 문질러 가루로 만들어 놓는다.

❀ 준비한 재료를 컵에 담아 고구마 컵케이크를 만든다.
  - 먼저 찐 고구마 ①을 한 숟가락 떠서 컵 바닥에 잘 펴준다.
  - 그 위에 과일 ②를 골고루 올려 준다.
  - 그 위에 카스텔라 가루를 소복이 뿌린다.

- 같은 방법으로 고구마, 과일, 카스텔라 순으로 담는다. 이때 투명한 컵 밖으로 보이는 재료들의 패턴을 이해하고 다양한 색깔의 조화를 감상한다.

✿ 각각의 재료가 어떤 맛이 나는지 음미하면서 맛있게 먹는다.

고구마, 생크림, 꿀 넣고 섞기   완성된 고구마 컵케이크

숫자 쓰인
동그라미 안으로 굴려 봐요

교육적 효과

✿ 두 수의 크기를 비교하여 큰 수와 작은 수로 변별한다.

✿ 간단한 수의 합을 계산한다.

✿ 눈과 손의 협응력과 집중력을 기른다.

준비물

✿ 작은 장난감 자동차

✿ 병뚜껑
   (바닥이 납작하고 평평한 잼 뚜껑이 좋음)

✿ 바둑알, 콩알 등의 점수 누적용 작은 물건 여러 개

✿ 크레파스나 색 테이프

✿ 작은 그릇 2개

이렇게 놀이하세요

❁ 놀이할 바닥에 색 테이프나 크레파스로 동그라미를 5개 그리고, 그 안에
  점수를 적는다. 제일 작은 동그라미를 5점으로 하고, 동그라미가 커질수
  록 점점 점수를 작게 하여 제일 큰 동그라미는 1점으로 한다.

❁ 장난감 자동차나 병뚜껑을 굴릴 출발선을 표시하고, 유아와
  부모가 각자 원하는 장난감 자동차나 병뚜껑을 고른다.

❁ 누가 먼저 굴릴지 순서를 정하고 놀이를 한다.

점수표와 출발선 표시하기

❁ 순서대로 장난감 자동차나 병뚜껑을 굴려 동그라미 안으로 들어가게 한
  다. 각자의 동그라미 안의 적힌 수만큼 바둑알을 가져가 그릇에 담아 둔다.

❁ 같은 방법으로 놀이를 계속하고 바둑알을 모은다. 놀이 후 각자 모은 바
  둑알의 수를 세어 본다. 더 많이 모은 사람이 이긴다.

❁ 다른 계산법으로도 놀이해본다.
  - 두 사람 중 더 큰 수의 동그라미에 자동차가 굴러간 사람만 바둑알을 가
    져갈 수 있다. 놀이 후 누가 더 많은 바둑알을 모았는지 세
    어 본다.

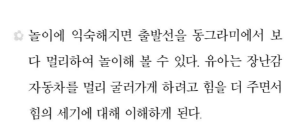

❁ 놀이에 익숙해지면 출발선을 동그라미에서 보
  다 멀리하여 놀이해 볼 수 있다. 유아는 장난감
  자동차를 멀리 굴러가게 하려고 힘을 더 주면서
  힘의 세기에 대해 이해하게 된다.

아빠와 장난감 자동차 굴리기

실을 감으며
이야기해요

교육적 효과

✿ 자신의 생각과 느낌을 적절한 언어로 표현한다.

✿ 타인의 이야기를 주의 깊게 경청하는 태도를 기른다.

✿ 시간의 길이에 따라 말의 속도와 길이를 조절한다.

준비물

✿ 두루마리 휴지 속심이나 실패 2개

✿ 털실 1m씩 2개

✿ 셀로판테이프

이렇게 놀이하세요

❀ 놀이를 위한 털실과 실패 2개를 준비한다.
  - 실패는 두루마리 휴지 속심을 이용할 수 있다.
  - 실패 끝에 셀로판테이프로 털실 끝을 붙인다.

❀ 유아가 부모가 각자 실패를 하나씩 나누어 갖고 실 감기 놀이를 한다.
  - 유아와 부모가 자연스럽게 이야기를 나누거나 노래를 부르면서 실패에 실을 감는다. 혹은 숫자를 세면서 실을 감아도 재미있다.

❀ 실패에 실을 감으며 이야기하는 언어 놀이를 한다.
  - 유아가 실패에 실 감는 것이 익숙해지면 언어 놀이를 한다.
  - 먼저 부모가 어떻게 하는 놀이인지 설명해 준다.

    지금부터 엄마가 이야기를 하면서 실패에 실을 감을 거야. 그런데 이야기는 실을 다 감을 때까지만 할 수 있어. 엄마가 실을 다 감으면 다음에는 네가 실을 감으면서 이야기를 계속 이어가는 거야.

  - 부모가 실을 감으면서 이야기를 시작한다. 처음에는 유아가 잘 알고 있는 동화 이야기로 이끌어가는 것이 좋다.

    옛날에 토끼와 거북이가 살고 있었어요. 어느 날 거북이는 토끼에게 달리기 경주를 하자고 했어요.

  - 부모가 실패에 실을 다 감으면, 유아가 다음 이야기를 이어간다.

이런 점을 유의하세요 ✿

❀ 이 말놀이에서는 실을 다 감는 순간 문장이 완결될 수 있도록 말의 속도를 조절하는 것이 중요하다.

재미있는 얼음 그림

교육적 효과

✿ 온도에 따라 물과 얼음의 상태 변화를 이해한다.

✿ 자연물을 이용하여 조형물을 만들어 보면서 조형 감각을 기른다.

준비물

✿ 물

✿ 스테인리스 재질의 납작한 그릇 여러 개

✿ 꾸미기 재료로 사용할 자연물
   (낙엽, 나뭇가지, 나무껍질, 돌, 조개껍데기)

이렇게 놀이하세요

✿ 납작한 그릇에 2/3 정도 높이로 물을 붓는다.

✿ 준비한 여러 가지 자연물을 이용하여 물 위에 모양을 꾸며 본다.
 - 재료에 따라 물에 뜨거나 가라앉는 것을 관찰한다.
 - 재미있는 얼굴 표정을 만들거나 기하학적인 무늬를 만들어 본다.

✿ 자연물로 꾸민 그릇을 냉장고의 냉동실에 넣어두거나 날씨가 추운 날 밖에 내놓아 얼린다. 이때 유아와 함께 결과를 예측해 본다.

 물이 어떻게 될까?
 물에 꾸민 재료들은 어떻게 될까?
 어떤 모양(그림)이 만들어질까?

✿ 다음 날, 물이 얼어 만들어진 얼음 그림을 살펴본다.
 - 완전히 얼은 것은 그릇의 겉을 물로 잘 닦아주면 그릇에서 작품을 쉽게 분리할 수 있다.
 - 어떤 모양의 그림이 되었는지 살펴본다.
 - 처음에 예상했던 것과 같은지 살펴본다.
 - 얼음 그림을 햇빛에 비추어보고 반짝이는 것을 관찰한다.

✿ 같은 방법으로 또 다른 모양의
 얼음 그림을 만들어 본다.

얼음 그림 살펴보기

이렇게도 놀이할 수 있어요

✿ 주변에서 우연에 의해 만들어지는 얼음 그림을 찾아보고 감상해 본다.
- 주변의 물웅덩이에 낙엽이나 나뭇가지가 떨어진 후 밤 사이에 언 곳이 있는지 찾아본다.
- 낮과 밤의 기온 변화에 따라 물로 녹았다가 다시 얼음으로 어는 과정을 관찰한다.

신체 놀이

아빠와 함께하는
이불 레슬링

교육적 효과

✿ 아빠와 온몸을 맞대고 놀이하며 정서적 유대감과 친밀감을 형성한다.

✿ 이불을 놀잇감으로 다양하게 활용하며 건강하고 즐거운 시간을 보낸다.

준비물

✿ 두툼한 이불 여러 채

✿ 베개

✿ 유아가 좋아하는 신나는 음악

이렇게 놀이하세요

✿ 집에서 제일 넓은 곳에 이불을 깔고 놀이할 장소를 마련한다.
- 집에서 공간이 제일 넓고 주변에 부딪칠 만한 물건이 없는 안전한 곳을 정한다.
- 그 곳 바닥에 이불을 넓게 깐다. 이불을 2~3개 겹쳐서 두툼하게 깔아도 좋다.

✿ 신나는 음악을 들으며 유아는 이불에서 구르기 동작을 해보며 몸 풀기를 한다.
- 바닥에 깔린 이불 위에 누워서 유아가 직접 몸을 이리저리 굴린다.
- 구르다가 이불 끝으로 오면 방향을 바꾸어 이불 안에서만 굴러다닌다.
- 아빠가 유아를 이리저리 빠르게 굴려줄 수도 있다.

✿ 베개를 이용해서 팔힘 기르기 놀이를 한다.
- 아빠가 두 손으로 베개 양끝을 잡고 선다. 이때, 베개의 높이는 유아의 가슴 정도로 한다.
- 유아는 양손을 주먹을 쥐고 베개를 향해 번갈아가며 두 주먹으로 친다.
- 아빠는 유아가 보다 힘차게, 빠르게 주먹으로 베개를 칠 수 있도록 응원의 말을 해준다.

  하나 둘! 하나 둘! 그렇지! 더 힘차게! 더 세게! 하나 둘! 하나 둘! 잘한다!

  하나 둘! 하나둘! 그렇지! 더 빠르게! 더 빠르게! 하나 둘! 하나 둘!
- 아빠와 유아가 역할을 바꾸어 유아가 베개를 들고 아빠가 베개 치기를 해본다.

✿ 이제 정식으로 아빠와 유아가 함께 이불 레슬링 놀이를 한다.

- 깔아 놓은 이불이 레슬링 경기장이 된다.

- 유아보다 훨씬 힘이 센 아빠에게는 페널티를 적용한다(예: 아빠는 한 손 은 뒷짐을 쥐고, 한 손만으로 레슬링하기, 아빠는 두 발을 끈으로 가볍게 묶고 레슬링하기 등). 아빠와 유아가 함께 자세를 취하고, 시작 구령과 함 께 레슬링을 한다.

- 먼저 이불 위에 두 어깨가 다 닿는 사람이 지는 놀이이다.

- 아빠와 유아가 즐겁게 레슬링 놀이를 한다.

✿ 레슬링 놀이 후에는 아빠와 유아가 서로 안마해주며 정리한다.

이렇게도 놀이할 수 있어요

✿ 접착 시트지로 동그라미나 하트판을 만들어 보다 재미있는 방법으로 레 슬링 놀이를 즐길 수 있다.

- 접착 시트지를 아빠와 유아 가슴에 붙인다.

- 한 사람이 공격자가 되고 한 사람은 수비자가 된다.

- 수비자는 납작하게 엎드려 팔과 다리를 쭉 뻗어 이불을 잡고 넘어가지 않 도록 애쓴다. 공격자는 수비자를 뒤집어 넘겨 가슴에 붙인 시트지를 떼 어내는 놀이이다.

- 공격자와 수비자를 바꾸어 놀이해 본다.

어떤 것으로 눈썰매를 탈까요?

교육적 효과

✿ 눈썰매로 적합한 물건을 찾고 실험해보며 과학적 탐구력을 기른다.

✿ 놀이를 통해 재질에 따라 눈 위에서 미끄러지는 정도가 차이나는 것을 이해한다.

준비물

✿ 플라스틱 눈썰매용 제품

✿ 눈썰매로 사용할 만한 여러 가지 물건
(커다란 고무 대야, 야외용 돗자리, 종이 상자, 플라스틱 깔판, 우레탄 매트 등)

✿ 털옷, 털장화, 모자, 장갑 등의 따뜻한 복장

이렇게 놀이하세요

✿ 눈이 내린 날, 자연의 모습을 감상한다.
- 눈이 내려 자연의 모습이 어떻게 변화되었는지 관찰한다.
- 눈이 내리기 전과 후의 자연의 모습이 어떻게 다른지 말해 본다.

✿ 동네 주변에서 눈썰매를 탈 만한 장소를 찾는다(예: 동네 공원이나 산에서 약간의 기울기가 있는 언덕).

✿ 눈썰매로 쓰기 위해 준비한 다양한 물건들을 살펴본다.
- 준비된 물건을 하나씩 살펴보고, 이름을 말해 본다.
- 어떻게 생겼는지, 어떤 재질로 된 것인지 만져 보며 느낌을 갖는다.
- 준비된 물건 중에서 어떤 것이 눈썰매로 가장 좋을지 골라 본다.

  이 중에서 어떤 것으로 눈썰매를 타면 가장 빨리 내려갈 것 같니?
- 왜 그 물건을 골랐는지 이야기해 본다.
- 반대로 눈썰매로 적당하지 않은 것을 골라 본다.

  이 중에서 어떤 것으로 눈썰매를 타면 가장 늦게 내려갈 것 같니?
- 유아가 예측한 가장 빠르게 내려갈 눈썰매와 가장 느리게 내려갈 눈썰매를 골라 놓는다.

✿ 눈썰매로 쓰려고 준비한 다양한 물건들을 이용해서 직접 눈썰매를 타본다.
- 가장 빨리 내려갈 것 같은 물건으로 눈썰매를 타본다. 그것으로 눈썰매를 타 본 결과를 알아본다.
- 가장 늦게 내려갈 것 같은 물건으로 눈썰매를 타본다. 그것으로 눈썰매를 타 본 결과를 알아본다.
- 다른 물건으로도 눈썰매를 타보고 결과를 비교해 본다.

✿ 준비한 탈 것 중에서 원하는 한 가지를 골라서 신나게 눈썰매를 타며 논다.

이런 점을 유의하세요 ❦

✿ 이 놀이는 일상생활에서 사용하는 다양한 재질의 물건을 눈썰매로 사용해 보면서 재질에 따라 다른 미끄러지는 정도와 속도 차이를 발견하는 과학 놀이이다. 그러므로 부모는 유아가 놀이를 하면서 각각의 차이점과 특징을 발견할 수 있도록 격려하고 적절한 언어적 상호작용을 해주어야 한다.

✿ 이 놀이는 반드시 부모가 함께하며 안전이 확보된 곳에서 놀이해야 한다. 부모는 유아들이 놀이하는 동안 각별히 유념해서 안전한지 지켜보아야 한다. 만약 동네 주변에 눈썰매를 탈만한 적절한 장소가 없어 놀이를 할 수 없다면 이 놀이에 사용한 다양한 재질의 물건을 자동차 짐칸에 항상 준비해두고, 적당한 장소를 발견했을 때 놀이해 볼 수 있도록 준비해두는 것도 좋다.

언어 놀이

손으로
글자를 읽어요

교육적 효과

✿ 촉감으로 글자의 모양을 인식하고 모양을 변별한다.

✿ 간단한 도구를 이용한 놀이를 통해 글자에 관심을 가진다.

준비물

✿ 10×15cm 정도 크기의 종이 여러 장

✿ 송곳이나 끝이 뾰족한 볼펜

✿ 매직펜

✿ 수건이나 납작한 스펀지

이렇게 놀이하세요

✿ 준비한 재료를 이용하여 구멍 뚫린 글자 카드를 만든다.

- 종이 한 장에 글자를 한 자씩 쓴다. 이때 글자가 뒷면에 비치도록 진하게 써야 한다.
- 바닥에 수건이나 스펀지를 깔고, 그 위에 글자를 쓴 종이를 뒤집어 올려 놓는다.
- 뒷면에 비치는 글자를 따라 송곳으로 꼭꼭 눌러 구멍을 뚫는다(0.5cm 간격으로 뚫기). 송곳으로 글자를 따라 구멍을 뚫을 때, 뒷면에서 뚫어야 앞면으로 올록볼록 종이 끝이 올라와서 촉감을 느낄 수 있다. 부모는 유아의 손을 잡아주어 안전하게 구멍을 뚫을 수 있도록 도와준다.

부모와 송곳으로 구멍 뚫기　　　　　　완성된 구멍 뚫린 글자 카드

✿ 글자 카드 앞면에 튀어나온 글자선을 손으로 천천히 만져 보면서 글자를 소리 내어 읽어 본다.

✿ 손으로 글자 읽기에 익숙해지면 글자 알아맞히기 게임을 해볼 수 있다.

- 부모가 두 손으로 유아의 눈을 가리면, 유아는 보지 않고 손으로만 만져서 무슨 글자인지 알아맞힌다.

눈 가리고 손으로 글자를 알아맞히기

이렇게도 놀이할 수 있어요

✿ 밤에는 구멍 뚫린 글자 카드(두꺼운 종이나 검은색 종이 사용하기)와 손
전등을 이용하여 불빛 글자 놀이를 할 수 있다.
- 방에 불을 끄고 깜깜한 상태에서 손전등을 켜고 불빛을 방안 곳곳(벽, 천
장)에 비추어 본다.
- 구멍 뚫린 글자 카드에 손전등 불빛을 비추면 구멍 사이로 불빛이 통과하
여 벽면이나 천정에 불빛 글자가 나타난다. 벽면이나 천정에 생긴 글자를
읽어 본다.

주사위 덧셈놀이

교육적 효과

✿ '5' 이하의 작은 두 수의 합을 안다.

✿ 간단한 게임을 통해 자연스럽게 수학에 흥미를 가진다.

준비물

✿ 정육면체 상자 2개

✿ 도화지나 프린터 용지 2장

✿ 색종이

✿ 게임용 말로 사용할 작은 물건 32개
　(예: 바둑알, 땅콩)

✿ 매직펜, 풀

이렇게 놀이하세요

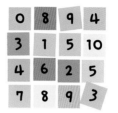

숫자판에 숫자 적기

❀ 게임용 주사위와 숫자판을 각각 2개씩 만든다.
   - 색종이에 0, 1, 2, 3, 4, 5를 써서 상자의 여섯 면에 각각 붙인다. 또한 숫자 옆에는 실제 주사위처럼 각 숫자에 해당하는 점을 찍어 표시한다.
   - 도화지나 프린터 용지에 빙고판을 만들듯이 가로세로 각 4칸씩 총 16칸을 그려 숫자판을 만든다.
   - 숫자판의 각 칸에 0에서 10까지의 숫자를 적는다. 같은 숫자를 2번 적어도 된다.

❀ 2개의 주사위를 던져 나온 수를 더해 보는 게임을 한다.
   - 부모와 유아가 각각 숫자판을 1장씩 갖고 순서를 정한다.
   - 순서대로 주사위 2개를 던져 나온 두 수의 합을 구한다.
   - 숫자판에서 해당하는 숫자를 찾는다.
   - 찾은 숫자칸에 말을 하나 올려놓는다.
   - 같은 방법으로 게임을 계속한다. 단, 이미 말이 올려져 있는 칸에는 다시 말을 올릴 수 없다. 즉, 각 칸에는 말을 하나씩 올려야 한다.
   - 숫자판의 모든 칸에 말을 올려놓는 사람이 이긴다.

❀ 유아가 게임에 익숙해지면 게임 방법을 바꾸어서 해본다.
   - 숫자판의 각 칸에 말을 올려놓고 시작한다.
   - 주사위 2개를 던져 나온 두 수의 합에 해당하는 칸의 말을 치운다.
   - 숫자판에서 모든 말을 먼저 치운 사람이 이긴다.

저자소개

이화여자대학교 사범대학 부속이화유치원

놀이 중심 교육과정을 운영하고 있는 이화여자대학교 사범대학 부속유치원은 유아들이 기관뿐만 아니라 가정에서도 가족과 함께 놀이를 즐길 수 있도록 앞장서고 있다. '일 년 열두 달, 가족이 함께하는 놀이'는 한국의 모든 부모들이 자녀와 즐거운 시간을 보낼 수 있도록 하기 위한 일환으로 매달 가정에 소개한 활동들을 묶은 책이다.

일 년 열두 달 **가족이 함께하는 놀이**

2015년 1월 28일 초판 인쇄 | 2015년 2월 4일 초판 발행

지은이 이화여자대학교 사범대학 부속이화유치원 | **펴낸이** 류제동 | **펴낸곳 교문사**

전무이사 양계성 | **편집부장** 모은영 | **책임진행** 손선일 | **디자인** 신나리

홍보 김미선 | **영업** 이진석·정용섭 | **출력** 현대미디어 | **인쇄** 동화인쇄 | **제본** 한진제본

주소 (413-120) 경기도 파주시 문발로 116 | **전화** 031-955-6111 | **팩스** 031-955-0955

홈페이지 www.kyomunsa.co.kr | **E-mail** webmaster@kyomunsa.co.kr

등록 1960. 10. 28. 제406-2006-000035호

ISBN 978-89-363-1448-4(93370) | 값 18,000원